DIE 5 SÄULEN DES
WICCA

GRUNDLAGEN   **GLAUBEN**   **PRAXIS**   **MAGIE**   **RITUALE**

155 TECHNIKEN UND HINWEISE FÜR EINSTEIGER.

Alles, was Sie über die Magie und Rituale der Hexerei wissen müssen.
So bringen Sie mehr Harmonie und Gleichgewicht in Ihr Leben

INGRID CLARKE

Inhaltsübersicht

Einführung **7**

Säule 1: Grundlagen **11**

Kapitel 1: Was ist Wicca? **13**
   Alte Religion 13
   Geschichte und Ursprung...........................16

Säule 2: Glauben **21**

Kapitel 2: Gottheiten **23**
   Der Gehörnte/Sonnengott...........................23
   Die Große Göttin/Mondgöttin 25

Kapitel 3: Elemente **29**
   Geist oder Äther 29
   Luft..30
   Feuer...30
   Erde 31
   Wasser 31
   Die Elemente und spirituellen Himmelsrichtungen...........32

Kapitel 4: Ethik **35**
   Die Wicca-Rede 35

Kapitel 5: Feiertage und Feste **41**
   Der Jahreskreis 42

Kapitel 6: Geburt, Heirat und Tod.........................51

Wiccaning (Geburt) 51

Handfasting (Heirat) 53

Handparting (Trennung)........................55

Das Überqueren der Brücke (Tod)........................56

Leben nach dem Tod und Reinkarnation........................56

Säule 3: Praxis........................59

Kapitel 7: Wählen Sie Ihre Praxis........................61

Im Coven 61

Freifliegend 62

Familientradition........................62

Eklektisch 63

Säkular 63

Kosmische Magie 63

Grüne Hexen 64

Heckenhexen........................64

Küchenhexen........................65

Herdhexen 65

Neutrale Hexen 65

Weissagung 66

Kapitel 8: Initiiert werden 69

Die Coven-Initiation........................69

Selbstweihe........................73

Säule 4: Magie........................77

Kapitel 9: Naturmagie........................79

Die Elemente und die Pflanzen 80

Kristalle und Steine 84

Kapitel 10: Zeremonielle Magie **91**
Bestandteile der zeremoniellen Magie 91
Zeremonielle magische Rituale 93
Weihe 95
Invokation 95
Zeremonielle Magie, die Elemente und Geister 99

Kapitel 11: Die himmlische Magie **101**
Konstante 1: Gebet 101
Konstante 2: Spiritualität 102
Konstante 3: Die Funktionsweise der
himmlischen Magie 103

Säule 5: Rituale **105**

Kapitel 12: Altäre **107**
Der Wicca-Altar 107
Einen Altar aufstellen 111

Kapitel 13: Hilfsmittel **115**
Pentakel 115
Schwert oder Messer 116
Zauberstab 117
Kelch 118
Boline 118
Räuchergefäß und Räucherwerk 118
Besen 119
Kessel 119
Speer oder Stab 120
Glocke 120
Kerzen 121
Edelsteine 122

Hilfsmittel für die Wahrsagerei...122

Kapitel 14: Ritualkleidung 123

Ritualgewänder 123

Umhänge 126

Pentakel...127

Andere Schmuckstücke 127

Kapitel 15: Häufige Bestandteile von Wicca-Ritualen....... 129

Vorbereitung 129

Den magischen Kreis ziehen...133

Die vier Wächter anrufen und Gottheiten invozieren 136

Das Herzstück des Rituals und das Buch der Schatten.....138

Kuchen und Ale 140

Abschluss des Rituals...140

Kapitel 16: Verschiedene Arten von Ritualen 143

Zentrierung..143

Der Kraftkegel..145

Erdung...146

Abschirmung..148

Schlussfolgerung.. 149

Glossar.. 151

Quellen... 159

Einführung

Wenn Sie das Wort „Wicca" hören, welches Bild taucht dann in Ihrem Kopf auf? Wahrscheinlich haben Sie eine andere Vorstellung von Wicca und seinen Praktiken als andere Menschen. Aber das bedeutet nicht, dass Sie falschliegen. Wicca ist vielfältig und facettenreich, was es zu einer Praxis und einem Lebensstil macht, mit dem sich Menschen verschiedener Hintergründe anfreunden und verbinden können. Es gibt unzählige Möglichkeiten, das Wesen von Wicca zu ergründen und zu erfahren. Alle Menschen praktizieren es auf ihre eigene Weise, was völlig in Ordnung ist. Trotz der unterschiedlichen Herangehensweisen an Wicca bleibt der Grundgedanke der Verbundenheit unverändert.

Wicca bringt Harmonie und Gleichgewicht in das eigene Leben, was in unruhigen Zeiten sehr wichtig ist. Und da diese Praxis von Natur aus spirituell ist, regt sie zur Selbstbeobachtung und zur Frage an, wie man sich besser mit sich selbst und der Welt in Verbindung bringen kann. Das Praktizieren von Wicca hilft, die Verbindung mit der Erde, mit sich selbst oder mit anderen wiederherzustellen.

Dieses Buch destilliert die spirituellen Prinzipien und Praktiken des Wicca, die Ihr Bewusstsein öffnen, Sie mit der Göttlichkeit der Welt, in der Sie leben, verbinden und die Magie in Ihnen wecken können. In diesem Buch werde ich die verschiedenen Aspekte von Wicca anhand von fünf Säulen aufschlüsseln: Grundlagen, Überzeugungen, Praxis, Magie und Rituale. Diese Säulen tragen dazu bei, wie wir die Welt verstehen und mit ihr interagieren.

Das tägliche Leben bringt Stress, Sorgen und andere negative Aspekte mit sich. Dieser Stress kann durch die Arbeit, durch Probleme in der Beziehung oder durch Schwierigkeiten im Privatleben verursacht werden. In der heutigen modernen Welt geschieht es immer leichter, dass wir uns von unserer natürlichen Umgebung und von uns selbst lösen. Je mehr wir uns an diese Loslösung gewöhnen, desto schwieriger wird es, unsere innere Natur zu verstehen.

Nachdem ich unter schwerem Burn-out gelitten hatte, brachten mich die skandinavischen Wurzeln meiner Familie dazu, mich mit verschiedenen Heiltechniken zu beschäftigen. Durch meine Nachforschungen konnte ich viele Lehren und Weisheiten sammeln. In der Folge studierte ich nicht nur Wicca, sondern auch viele metaphysische Praktiken und okkulte Traditionen aus aller Welt. Und durch meine Nachforschungen und Praxis wurde mir klar, dass ich ein Empath bin. Nun ist es meine Lebensaufgabe, mein umfangreiches Wissen und meine Erfahrungen mit denen zu teilen, die Hilfe und Heilung benötigen. Dieses Buch soll als Einführung in Wicca und seine Praktiken dienen. Die ersten beiden Säulen erweitern Ihr Wissen über Wicca, einschließlich seiner Geschichte und seiner heutigen Bedeutung, und beschreiben seine Kernüberzeugungen und Prinzipien. Die Säulen drei bis fünf befassen sich mit den verschiedenen Techniken, Ritualen, Formen der Anbetung und magischen Praktiken des Wicca.

In diesem Buch werden wir mehrere Strategien besprechen, die Ihnen helfen können, die elementare Natur des Universums besser zu verstehen und sich mit ihr in Einklang zu bringen. Ich habe alle in diesem Buch besprochenen Methoden praktiziert, und sie haben mich dazu befähigt, bei allen Herausforderungen immer einen Weg zu finden und mir ein Mittel zur Selbstentwicklung und positiven Veränderung an die Hand gegeben. Es ist wichtig, sich daran zu erinnern, dass die einzige Möglichkeit, Veränderungen in Ihrem Leben herbeizuführen, darin besteht, selbst das Heft in die Hand zu nehmen. Die Techniken, die Sie in diesem Kapitel lernen werden, werden Sie in die Lage dazu versetzen. Das Ziel dieses Buches ist, Sie auf Ihrem Weg des spirituellen Erwachens zu unterstützen und Ihnen zu helfen, mit Ihrem höheren Selbst in Kontakt zu treten und Ihre göttliche Bestimmung zu finden. Indem Sie Ihre Intuition nutzen, bietet Wicca einen Weg, um die himmlische Magie in Ihnen zu wecken. Und mit diesem Buch erhalten Sie einen Plan, wie Sie diese Kraft der göttlichen Magie aktivieren und sich für ihre Wunder öffnen können.

Trotz der Herausforderungen, die der Erwerb von Wissen über Wicca und seine Praktiken mit sich bringt, macht dieses Buch Wicca für jeden zugänglich, der daran interessiert ist, seine Geheimnisse zu lüften. Trotz der Schwierigkeiten, mit denen Sie in Ihrem Leben konfrontiert sind, wird die zeitlose Weisheit des Wicca Ihnen eine andere Sichtweise auf die Komplexität des Lebens vermitteln. Neben dieser Erkenntnis werden Sie Inspiration, Schönheit und Offenbarungen entdecken, während Sie Ihr Schicksal neu bestimmen und die Geheimnisse des Unbekannten entdecken. Wenn Sie das, was Sie hier lernen, richtig anwenden, können Sie einen neuen Platz für sich selbst schaffen und das Mysterium verstehen. Am Ende dieses Buches werden Sie also Ihre Reise zur Selbstfindung begonnen haben; alles, was zu tun übrig bleibt, ist, den Zugang zur göttlichen Kraft in Ihnen selbst zu finden.

Dementsprechend wird Ihnen jedes Kapitel dieses Buches ein besseres Verständnis des Wicca-Glaubens und seiner Überzeugungen vermitteln, sowie Schritte und Strategien für diejenigen, die diesen Weg gehen und eine bessere Verbindung zu ihrem inneren Selbst, zu anderen und zur Welt herstellen wollen. Ebenso wird dieses Buch Sie lehren, wie Sie Ihren Geist für Möglichkeiten öffnen und Ihr Leben verbessern können. Lassen Sie uns nun in die erste Säule von Wicca eintauchen und etwas über die Grundlagen des Kultes erfahren.

Säule 1
Grundlagen

Wicca ist eine uralte Religion, die sich auf alte heidnische Traditionen zurückführen lässt. Heute ist es eine moderne neuheidnische Spiritualität, die darauf beruht, die natürliche Welt zu ehren, alle Lebensformen zu respektieren und das Gleichgewicht zwischen Licht und Dunkelheit zu finden, um ein göttliches Verständnis zu erreichen. Säule 1 versucht, Wicca zu erklären und zu zeigen, wie es sich im Laufe der Geschichte entwickelt hat, damit Sie fundiertere Entscheidungen treffen können, wenn Sie diesen Weg erkunden.

1

Was ist Wicca?

Bevor wir uns mit den Grundlagen oder Traditionen von Wicca beschäftigen, sollten wir einen Schritt zurücktreten und uns ansehen, was Wicca ist. Wicca ist die größte neu-heidnische Religion, auch modernes Heidentum genannt, mit Anhängern, die als Wiccas bekannt sind und sich in der Regel als Hexen bezeichnen. Vor den 1950er-Jahren gingen die Wicca-Anhänger ihren Praktiken im Verborgenen nach und diese kamen lediglich in England und anderen westlichen Ländern ans Licht. Ihre Anhängerschaft heute beläuft sich auf einige Hunderttausend Personen. Und obwohl es keine direkten Verbindungen zum Christentum gibt, wurde Wicca stark von europäischen Religionen beeinflusst. Nachdem wir nun eine grundlegende Definition von Wicca haben, wollen wir uns mit der alten Religion, mit der Geschichte und der Verbreitung der Wicca in der heutigen Zeit beschäftigen.

Alte Religion

In vielen Religionen gab es im Laufe der Geschichte Gestalten, die als „Hexen" bekannt waren. Einige von ihnen waren böse Gestalten, andere wiederum heilende und gute Geschöpfe. Es gibt eine lange Reihe alter Religionen, die zwar nicht direkt für die Entstehung der Wicca-Religion verantwortlich sind, aber mit ihr in Verbindung stehen, weil die Wiccas sich mit der Hexerei in

Verbindung brachten und sich selbst als Hexen bezeichnen. Das Christentum ist durch eine lange Geschichte mit Hexen verbunden, auch wenn sie selten positiv ist.

Die allgemeinen Vorstellungen von Hexerei und Hexen haben sich in der heutigen Zeit geändert, da sie in Filmen als bildlicher Ausdruck von Gut und Böse und als Mittel zur Lösung sozialer Spannungen, insbesondere im Feminismus, verwendet werden. In der vormodernen westlichen Zivilisation herrschte jedoch eine große irrationale Angst vor der Hexerei. Diese Angst rührte oft von religiösen Praktiken her, die behaupteten, Hexerei sei das Werk des Teufels. Diese Angst führte unweigerlich zu einer feindseligen Mentalität gegenüber denjenigen, die als Hexen bezeichnet wurden.

Die Hexenverfolgungen begannen im 11. Jahrhundert und dauerten bis ins 18. Jahrhundert. Die Propagierung von Magie als Ketzerei und Teufelswerk durch das Christentum und andere Religionen führte dazu, dass die Beschuldigten verfolgt wurden. Da die Angst vor Hexen immer weiter wuchs und schwelte, wurde im 14. Jahrhundert allgemein angenommen, dass alle Menschen, die Hexen waren, eine Form von bösartiger Zauberei anwenden und böse sind.

Hexen wurden weiterhin mit Furcht betrachtet und mit dem Teufel in Verbindung gebracht. Sogar die Bedeutung ihrer Rituale, zum Beispiel der Sabbate, wurde verdreht, und man glaubte, dass sie sich versammeln, um im Namen Satans Orgien und andere sexuelle Handlungen durchzuführen. Man glaubte auch, dass sie sich verwandeln können, Schutzgeister in Tiergestalt haben und Kinder entführen und ermorden. Denken Sie an das Märchen von „Hänsel und Gretel". Es wurde lange vor der Entstehung des Wicca aufgeschrieben und handelt von einer Hexe, die Kinder anlockt und sie isst. Obwohl es sich dabei um Fantasievorstellungen handelt, versetzten sie die Menschen in so große Angst, dass Gesetze zur Bestrafung von Hexen und zur Hexenverfolgung erlassen wurden. Bei den Hexenjagden ging es selten darum, diejenigen zu fangen, die bereits als „Hexen" galten. Stattdessen ging es darum, diejenigen aufzuspüren, die verdächtigt wurden, sich zu verstecken.

Die Hexenprozesse von Salem waren ebenfalls Ausdruck von religiöser Intoleranz, Angst und politischer Kontrolle, bei denen zahlreiche Frauen, die der Hexerei beschuldigt wurden, gehängt wurden. Insgesamt führten diese Prozesse zur Hinrichtung von 19 Personen aller Altersgruppen. Es gab jedoch keine Beweise dafür, dass es sich bei diesen Menschen um Hexen handelte, sondern es wird vermutet, dass Familienfehden, Religion, Politik und Angst die Ursache für die Anschuldigungen und Hinrichtungen waren. Wenn eine Person eine andere für ihr Unglück verantwortlich machte, reichte das aus, um den Verdacht zu wecken, dass es sich um eine Hexe handelt. Die Angst der Menschen vor Hexen war kulturell so tief verwurzelt, dass es zu Anklagen und Verfolgungen in Dörfern, vor Gerichten und Berufungsgerichten in protestantischen und römisch-katholischen Gemeinden kam. Studien haben ergeben, dass etwa 110.000 Menschen als Hexen angeklagt wurden, etwa 40.000 bis 60.000 dieser Prozesse endeten mit Hinrichtungen.

Gesetzgebung und Religion spielten bei Hexenprozessen und -jagden gleichermaßen eine Rolle, und im Laufe der Jahre entwickelten die Kulturen zahlreiche Methoden, um festzustellen, ob jemand eine Hexe war. Die erste Möglichkeit war, die betreffende Person zu stechen. Wenn sie keinen Schmerz empfand, galt sie als Hexe, da der Teufel sie dafür unempfindlich gemacht hatte. Es wurde auch nach einem Teufelsmal, oft einem seltsam geformten Muttermal, gesucht. In der Zwischenzeit warfen manche die Menschen in Seen und Teiche.

Interessanterweise glaubte man, dass das Versinken eines Angeklagten im Wasser während eines Ordals ein Zeichen für seine Unschuld sei, da man davon ausging, dass das Wasser ihn akzeptierte; Hexen würden stattdessen vom Wasser zurückgewiesen und daher an der Oberfläche bleiben. Diese Proben wurden vor allem in lokalen und dörflichen Prozessen verwendet, während umfangreichere Prozesse, zum Beispiel vor Königen, Inquisitoren und Bischöfen, zu weniger Verurteilungen und milderen Strafen führten. Dies ist wahrscheinlich darauf zurückzuführen, dass das Gesetz hier einen größeren Einfluss hatte als die Religion, auch wenn beide Faktoren in beiden Arten von Prozessen eine Rolle spielten.

Hexerei und Hexen gab es auch in alten Zivilisationen, da man glaubte, dass Magie und Religion notwendig seien, um böse Geister zu besänftigen, zu manipulieren und sich vor ihnen zu schützen. Diese Zivilisationen glaubten, dass böse Geister universell sind, weshalb Magie notwendig war. Sie konnte zu jener Zeit auch für das Böse eingesetzt werden. Sabbate wurden oft mit den Ritualen der Dionysos-Verehrung verglichen, bei denen sich die Menschen im Freien versammelten und viele Rituale durchführten, darunter Tieropfer, Festmahle, Trinkgelage und Orgien.

Geschichte und Ursprung

Die Ursprünge des Wicca gehen auf einen britischen Beamten namens Gerald Brosseau Gardner zurück. Er verbrachte den größten Teil seiner beruflichen Laufbahn mit Reisen durch Asien und lernte während dieser Zeit viele einheimische Religionen und Traditionen kennen. Er investierte auch viel Zeit in die Lektüre der Schriften des britischen Okkultisten Aleister Crowley und anderer esoterischer Literatur.

Gardner kehrte in den 1930er-Jahren nach England zurück und schloss sich einer britischen okkulten Gemeinschaft an, die behauptete, 1939 in der Nähe des New Forest eine Gruppe von Hexen ausfindig gemacht zu haben. Gardner behauptete, dass er und die okkulte Gruppe mit der Hexengruppe im New Forest kommunizieren und dass die Informationen, die sie von ihnen erhielten, die Grundlage für die Entstehung von Wicca bilden. Im Jahr 1951 wurden die archaischen Hexereigesetze aufgehoben, was es Gardner ermöglichte, seinen Coven (Hexenzirkel) offiziell zu gründen, *„Witchcraft Today" zu* veröffentlichen und zusammen mit Doreen Valiente, die als Hohepriesterin diente, die gardnerische Wicca-Religion zu schaffen.

Gardner formte nicht alle Wicca-Praktiken, Glaubensvorstellungen und Rituale; stattdessen half er anderen Okkultisten in den 1950er- und 60er-Jahren, ihre eigenen Traditionen zu entwickeln.

Die meisten Wiccas behaupteten, sie würden vorchristliche Hexerei praktizieren. Dies wurde jedoch von Historikern bestritten, als immer mehr Studien über moderne Hexerei durchgeführt wurden. In den 1960er-Jahren entwickelte sich Wicca zu einem allgemeinen Begriff für die Religion, wobei es verschiedene Formen gab, darunter auch die alexandrinische. In den ersten beiden Jahrzehnten wurden die meisten Wicca-Anhänger in Coven initiiert, doch im Laufe der Zeit ließen sich immer mehr Menschen in Wicca initiieren. Es entstanden viele verschiedene Formen, auf die wir später in diesem Buch eingehen werden. Die Schönheit von Wicca liegt in den vielfältigen Möglichkeiten, es zu praktizieren.

Wicca in der Gegenwart

Obwohl Wicca in Bezug auf die Zahl der Anhänger nie die Größenordnung des Christentums erreichte, gewann es in ganz Amerika und in der westlichen Kultur an Popularität. In den 1970er- und 80er-Jahren wurden zahlreiche Bücher veröffentlicht, in denen beschrieben wird, wie man sich in Wicca initiieren lassen kann. Obwohl es heute nur noch wenige Coven gibt, praktizieren einzelne Wicca-Anhänger immer noch. Es ist nicht bekannt, wie viele Menschen noch aktiv Wicca praktizieren, da viele sich selbst initiiert haben und eher allein als in einem Coven praktizieren. In der heutigen Zeit ist Wicca oder Hexerei eher als Thema in Film, Fernsehen und Büchern bekannt und nicht als eine Religion.

In dem Maße, in dem Wicca sich als Religion in Amerika verbreitete, rückte es auch in den Blickpunkt der Öffentlichkeit, da es Gegenstand zahlreicher Filme und Fernsehserien wurde, darunter *Buffy the Vampire Slayer*, *Charmed* und *The Craft*. Viele Darstellungen der Wicca-Religion in den populären Medien haben jedoch dazu geführt, dass sich die Menschen vor den Wicca-Praktizierenden fürchten oder dass falsche Bilder und Darstellungen ihrer Ideale entstanden sind. Die Wicca-Kultur der Teenager wurde in den Medien stark in den Fokus gerückt, wobei junge Teenager oft vor den Gefahren der Praxis gewarnt wurden, was im Laufe der Jahre zu einem Rückgang der Initiierten geführt hat. Aufgrund der negativen Darstellung der Wicca-Kultur in den Mainstream-Medien versuchten viele, sich eher als „traditionelle Hexen" zu bezeichnen, was jedoch den Eindruck erweckte, dass sie an nicht wiccanischem Okkultismus und Ritualen teilhatten.

Die Begriffe „Wicca" und „Hexerei" wurden im Laufe der Zeit immer häufiger synonym verwendet. Es ist jedoch wichtig, den Unterschied zu beachten. Hexerei wurde im Laufe der Geschichte mit vielen Religionen in Verbindung gebracht, aber Wicca gibt es erst seit weniger als hundert Jahren. Wicca soll von Hexenpraktiken abgeleitet sein; der Name Wicca ist etymologisch mit dem Wort Hexe verbunden, weshalb sich die Anhänger auch Hexen nennen. Dies ist jedoch kein konkreter Beweis dafür, dass die New-Forest-Hexen tatsächlich existierten, was viele Historiker sowohl zu beweisen, als auch zu widerlegen versucht haben.

Nachdem Sie nun die Grundlagen des Wicca, seine Geschichte und seine Bedeutung in der heutigen Zeit kennen, ist es an der Zeit, zur zweiten Säule überzugehen und alles über den Glauben der Wiccas zu erfahren. Denken Sie daran, dass es zwischen den verschiedenen Arten von Wicca einige Unterschiede in Bezug auf den Glauben geben kann. Sie alle beruhen jedoch auf spiritueller Ermächtigung und der Verbindung mit sich selbst und der Welt um sich herum. Der erste Aspekt des Wicca-Glaubens, den wir besprechen werden, sind die Gottheiten.

Säule 2
Glauben

Im Verstehen liegt die Kraft, und mit dem Lernen kommt das Wachstum. Im Folgenden werden wir die Grundsätze der zweiten Säule des Wicca-Glaubens erforschen. Durch das Verständnis ihrer verschiedenen Komponenten können wir eine sinnvollere Verbindung zu dieser alten spirituellen Praxis herstellen.

In Kapitel 2 werden wir etwas über den Gehörnten Gott und den Mond oder die Große Göttin (auch Dreifaltige Göttin) erfahren. In Kapitel 3 lernen wir etwas über die fünf Elemente: Erde, Luft, Feuer, Wasser und Geist oder Äther. Als Nächstes wird in Kapitel 4 die Wicca-Rede erklärt, ein Moralkodex für Wiccas.

Dann geht es weiter mit Kapitel 5, in dem es um größere und kleinere Sabbate geht, darunter religiöse Feiertage wie Samhain und Jul sowie jahreszeitliche Phänomene wie die Frühlings-Tag-undnachtgleiche und die Sommersonnenwende. Und schließlich werden in Kapitel 6 Rituale rund um die Geburt (auf Englisch „Wiccaning"), die Hochzeit („Handfasting"), die Trennung („Handparting"), den Tod (Überschreiten der Brücke) und das Leben nach dem Tod/die Reinkarnation behandelt.

Wir haben noch viel zu lernen auf unserer Reise in die tiefe Weisheit dieser heiligen Praxis. Fangen wir an!

2
Gottheiten

Zweifellos gehört die Verehrung von Göttern und Göttinnen im Wicca zu den wichtigsten Glaubensbekenntnissen der Anhänger dieser Religion. Im Gegensatz zum Christentum, das nur einen Gott oder eine Gottheit verehrt, ähnelt Wicca dem antiken Griechenland oder Rom, da es zwei zentrale Gottheiten gibt. Die alten Griechen, Römer und andere Kulturen verehrten jedoch viele verschiedene Götter, die als Symbole für verschiedene Dinge dienten, wie zum Beispiel die Ernte, die Jugend, den Wechsel der Jahreszeiten, die Fruchtbarkeit und vieles mehr. Im Wicca und im Neuheidentum gibt es zwei zentrale Gottheiten – den Gehörnten Gott und die Große Göttin. In diesem Kapitel werden wir die Ursprünge dieser Gottheiten und ihren Zweck im Wicca diskutieren.

Der Gehörnte/Sonnengott

Obwohl der Gehörnte Gott eng mit den Praktiken der Wiccas und des Neuheidentums verbunden ist, wurde der Name erstmals Anfang des 20. Jahrhunderts verwendet, um anthropomorphe Götter zu beschreiben, die die Gestalt von Tieren mit Geweihen oder Hörnern annahmen. Im Laufe der Geschichte haben viele religiöse Überzeugungen gehörnte Gottheiten integriert.

Das Wort „Hexe" wird normalerweise als weiblich angesehen, während „Hexenmeister" männlich ist. Im Kontext des Wicca hat die Unterscheidung zwischen einer Hexe und einem Hexenmeister jedoch keine geschlechtsspezifischen Implikationen. In der Tat haben sich einige Anhänger der Hexenkunst dazu entschlossen, sich unabhängig vom Geschlecht als „Hexen" zu bezeichnen, da „Hexenmeister" als ein abwertendes Wort angesehen wurde. Nichtsdestotrotz repräsentiert der Gehörnte Gott im Wicca die männliche Seite. Ebenso ist Wicca als duotheistisches Theologiesystem bekannt, was bedeutet, dass das Männliche und das Weibliche in diesem System gleichberechtigt sind und dass beide Seiten gebraucht werden. Die Darstellungen des Gehörnten Gottes unterscheiden sich je nach Quelle. Einige Quellen zeigen ihn mit Hörnern oder Geweih, während der Rest des Körpers menschlich ist. Andere Darstellungen zeigen ihn mit einem Tierkopf und einem menschlichen Körper und stellen so die Verbindung zwischen dem Göttlichen und den Tieren dar. In diesem Fall ist das Tier oft eine Darstellung des Menschlichen.

Im Wicca-Glauben wird der Gehörnte Gott auch mit dem Lebenszyklus, der Natur, der Jagd, der Wildnis und der Sexualität in Verbindung gebracht. Er wird zudem als dualistischer Gott betrachtet, der zwei Aspekte von etwas repräsentiert: Tag und Nacht, Licht und Dunkelheit, Sommer und Winter und andere mehr. Da er mit dem Lebenszyklus in Verbindung steht, kann seine Dualität auch für Leben und Tod stehen.

Der Gehörnte Gott ist der Gemahl der Großen Göttin, und beide sind in der Religion gleichberechtigt. Er gilt als das Männliche und sie als das Weibliche. Oft dienen sie dazu, Gegensätze zu repräsentieren. Wiccas neigen wie Anhänger anderer Religionen dazu, die Welt in Bezug auf männliche und weibliche Energie zu organisieren. Alles, was männlich ist, wie die Jagd und die Wildnis, wird mit dem Gehörnten Gott in Verbindung gebracht.

Obwohl Wiccas glauben, dass Götter und Göttinnen gleicherma-ßen wichtig sind, haben die jüngsten Entwicklungen eine weit-aus stärkere Betonung der feministischen Einflüsse der Göttin mit sich gebracht, was die wachsende Bedeutung des Feminismus widerspiegelt. Dennoch ist der Gehörnte Gott ein wesentlicher Bestandteil der Jahreskreisfeiern der Wicca-Anhänger und sym-bolisiert den Zyklus der Jahreszeiten. Im Laufe des Jahres schwän-gert er die Große Göttin im Frühling, stirbt im nahenden Winter und wird dann von der Göttin im neuen Jahr wiedergeboren.

Außerdem wird der Gehörnte Gott oft mit Hades, dem griechi-schen Gott der Unterwelt, verglichen, da beide über die Hölle herrschen. Der Gehörnte Gott ist auch der Beschützer des Som-merlandes, dem Reich, in dem die Seelen auf ihre Reinkarnation warten. Bemerkenswerterweise ähnelt der Tod des Gehörnten Gottes im Jahreskreis der Geschichte von Persephone, die bei Hades in der Unterwelt bleibt, bevor sie als Frühlingsbotin trium-phierend zurückkehrt. Im Gegensatz zu anderen Religionen löst die Beziehung des Gehörnten Gottes zum Tod bei den Anhängern keine Angst aus; stattdessen gilt er als Tröster derer, die gestorben sind und auf ihre Wiedergeburt warten.

Die Große Göttin/Mondgöttin

Wicca ist nicht die einzige neuheidnische Religion, die praktiziert wird. In vielen dieser Religionen ist die Große Göttin eine Gottheit oder zumindest ein Götterarchetyp. Die Große Göttin wird oft als „Mondgöttin" bezeichnet, aber ihre Darstellung als Dreifaltigkeit, eine Kombination aus drei Figuren, ist die häufigste. Diese dreifal-tigen Darstellungen der Großen Göttin stehen für den weiblichen Lebenszyklus (die Jungfrau, die Mutter und die alte Weise), die drei Reiche der Welt (Himmel, Erde und Unterwelt) und die Mond-phasen, weshalb die Göttin oft als Mondgöttin bezeichnet wird. Dennoch hat Wicca diese Figur nicht wie den Gehörnten Gott geschaffen. Obwohl die Große Göttin meist mit Wicca in Verbindung gebracht wird, hat sie religiös gesehen eine lange Geschichte, die über ihren modernen Kontext hinausgeht.

Die Ursprünge einer dreifaltigen Göttin liegen in der antiken Geschichte, einschließlich des antiken Griechenlands mit den Grazien, den Horae und den Moirai. Auch in der Hindu-Religion gibt es eine Verbindung mit der Darstellung von Tridevi. Im antiken Griechenland wurde die Göttin Hekate als eine der ersten dreifaltigen Göttinnen angesehen, die früh in Kunst und durch Skulpturen verehrt wurde. Später wurde auch die römische Göttin Diana, die in der griechischen Mythologie auch als Artemis bekannt ist, als dreifaltige Göttin dargestellt. Hekate jedoch ist für die Große Göttin im Wicca von besonderer Bedeutung, weil sie mit Hexerei in Verbindung gebracht wird. Ebenso ist sie stark mit dem Mond verbunden, und ihr dreifaltiges Wesen wurde mit den Mondphasen in Verbindung gebracht.

Im Wicca wird der physische weibliche Körper als heilig angesehen, da er die Große Göttin widerspiegelt, eine Darstellung der Weiblichkeit, die mit Geburt, Milchbildung, Menstruation und weiblicher Sexualität in Verbindung gebracht wird. Diese Darstellung verschiedener Bereiche des Lebens einer Frau mittels der Großen Göttin wird wie folgt abgegrenzt:

- Die Jungfrau oder das Kind steht für Geburt, neue Möglichkeiten, Jugendlichkeit, Anfänge und Expansion. Die Jungfrau wird als zunehmender Mond beschrieben, wenn es Verbindungen zum Mond gibt.
- Die Mutter steht für Erfüllung, Fruchtbarkeit, Sexualität, Reife, Kraft und Leben. Diese Phase wird oft als Vollmond dargestellt, der eine Schwangerschaft symbolisieren könnte.
- Die alte Weise oder ältere Frau steht für Ruhe, Weisheit, das Ende und den Tod. Dieses Stadium wird als abnehmender Mond definiert.

In den 1970er-Jahren, als die feministischen Bewegungen aufblühten, hatte die Große Göttin eine besondere Bedeutung für ihre Anhängerinnen. Ihr Bild brachte vielen, die sie aufsuchten, Trost und Befreiung. Obwohl sie einen Gefährten hatte, war die Große Göttin in den Tagen nach dessen Tod oft allein, eine Rolle, die verkörperte, was traditionell als männlich angesehen wurde. So wurde ihr Bild in das der Selbstgenügsamkeit verwandelt und ermutigte die Wicca-Frauen, mehr traditionell männliche Rollen zu übernehmen, zumal immer mehr Frauen statt Männern Coven-Leiterinnen wurden.

Wicca wird vom Gehörnten Gott und der Großen Göttin beeinflusst, deren gemeinsame Kraft das fünfzackige Pentagramm darstellt. Der Gehörnte Gott ist für seine Dualität bekannt, während die Große Göttin die Dreifaltigkeit verkörpert; zusammen bilden sie den mächtigen fünfzackigen Stern. Ihre Bedeutung und die Art und Weise, wie man sie verehrt, hängt von der Art des Wicca ab, das man praktiziert. Doch ganz gleich, wie man Wicca praktiziert, diese beiden Gottheiten sind von entscheidender Bedeutung für die spirituelle Ermächtigung und das Erlernen der Verbindung zu sich selbst. Für weibliche Wicca ist die Dreifaltige Göttin von größter Bedeutung, weil sie eine einflussreiche Figur ist, zu der sie aufschauen und mit der sie sich jederzeit verbinden können. Im nächsten Kapitel werden wir die Bedeutung der Elemente im Wicca-Glauben untersuchen.

3

Elemente

Für Wiccas ist Magie einfach und effektiv. Sie ist nicht kompliziert oder verworren, sondern vielmehr ein Teil der Natur. Wenn sich jemand mit seiner Spiritualität und der Welt um ihn herum verbinden kann, sollte er auch in der Lage sein, die Elemente als eine Form der Magie zu nutzen. In erster Linie nutzen Wiccas die grundlegenden Elemente Luft, Feuer, Erde und Wasser und zusätzlich ein fünftes Element, den Geist oder Äther, für ihre metaphysische Praxis. Diese Mischung aus physischen und spirituellen Komponenten erweckt ihre Magie zum Leben. In diesem Kapitel wird untersucht, inwiefern jedes Element für den Glauben und die Rituale der Wicca von entscheidender Bedeutung ist.

Geist oder Äther

Bevor wir über die vier traditionellen Elemente sprechen, müssen wir zunächst über den Einfluss des Geistes oder Äthers auf die Fähigkeit zur Ausübung der Elementarmagie und seine Wirkung auf eine Person sprechen. Die eigene Energie oder der eigene Geist ist für die Ausübung der Magie unerlässlich. Im Wicca werden Zaubersprüche und Worte nur verwendet, um den Fokus zu lenken; der Geist der Person führt die Magie aus. Dieser Geist kann auch eine große Rolle bei der Beeinflussung der Elemente spielen. Wenn jemand einen hellen oder guten

Geist hat, wirkt er sich positiv auf die Elemente aus, während jemand mit einer dunklen oder negativen Seele einen negativen Einfluss hat. Bei der Erde zum Beispiel kann jemand mit einem guten Geist dem Land helfen und sogar Edelsteine hervorbringen. Aber jemand mit einem schlechten Geist wird Erdbeben und Schäden verursachen. Geist und Energie sind in jedem der vier anderen Elemente vorhanden, was es den Wiccas ermöglicht, diese zu beeinflussen.

Luft

Wiccas sind tief mit der Luft verbunden, dem ersten männlichen Element, das mit dem Gehörnten Gott und seinen Praktiken assoziiert wird. Dieses warme und feuchte Element ist ein Symbol für den Frühling. Obwohl Luft nicht greifbar ist, wird sie als ein mächtiges Element angesehen, das einflussreicher ist als greifbare Substanzen wie Wasser und Erde. Bei Ritualen, die mit Luft zu tun haben, symbolisieren Zauberstäbe und Stäbe generell dieses Element, und Weihrauch und Räucherstäbchen werden als Teil der Zeremonie verwendet. Diese Luftzauber sind in der Regel mit Heilung oder Reinigung verbunden.

Feuer

Feuer gilt als eines der spirituellsten Elemente und gehört ebenfalls zum männlichen Spektrum. Obwohl es keine physische Form wie Wasser oder Erde hat, erzeugt es Wärme und Licht und man glaubt, dass es starke transformative Fähigkeiten hat. Es ist ein warmes und trockenes Element, das mit dem Sommer assoziiert wird. Kerzen sind neben Verbrennungszaubern und -ritualen eines der am häufigsten verwendeten Werkzeuge der Feuermagie. Rote und goldene Edelsteine wie roter Jaspis, Tigerauge, Rubin und Heliotrop werden in der Feuermagie verwendet, ebenso wie Kräuter und Gewürze wie Piment und Zimt. Zu guter Letzt wird die Feuermagie mit Macht, Kreativität, Stärke, Liebe und Leidenschaft in Verbindung gebracht.

Erde

Die Erde ist eng mit der Göttin verbunden und daher ein verbreitetes Element in der Wicca-Praxis. Salz, Onyx und Aventurin werden in diesen Ritualen häufig verwendet, um den Wohlstand und die Fülle zu nutzen, die mit der Erdmagie verbunden sind. Dies ist vor allem auf die Verbindung mit der Großen Göttin und der Fruchtbarkeit der Erde zurückzuführen. Doch die Erde bringt nicht nur Leben und Neuanfänge, sondern auch Tod und Wiedergeburt. Wenn wir sterben, kehren wir in die Erde zurück; unsere Verwesung lässt neue Generationen von Leben entstehen. Die Wintermonate sind daher mit dem Element Erde verbunden und dieses kann als kalt und trocken beschrieben werden.

Wasser

Wasser ist ein weiteres weibliches Element und gilt als überlegen, da es mehr Bewegung und Aktivität aufweist als das Element Erde, das für seine Festigkeit und Stabilität bekannt ist. Aus diesem Grund ist Wasser eines der wichtigsten magischen Elemente im Wicca. Was es einzigartig macht, ist seine Fähigkeit, mit unseren Sinnen zu interagieren. Dieses kalte, feuchte Element, das mit dem Herbst assoziiert wird, ist eng mit Emotionen verbunden. Die wogenden Wellen des Wassers werden oft mit den Tränen verglichen, die sowohl in Zeiten der Trauer als auch der Freude vergossen werden. Sie symbolisieren die tiefen emotionalen Strömungen, die es verkörpert. Wasser kann auch für Reinigung, Wahrsagerei, Träume und Frieden verwendet werden. Pflanzen wie Seerosen oder Aloe-Arten sowie Edelsteine wie Amethyst, Aquamarin und Opal werden oft als Symbole in diese Magie integriert.

Die Elemente und spirituellen Himmelsrichtungen

Die Elemente werden nicht nur für die Elementarmagie verwendet, sondern dienen laut Selena Fox, einer Hohepriesterin des Circle-Sanctuary-Covens, auch als „Rahmen für die spirituelle Symbolik, Lehren und Praktiken" (*Wicca-Handbuch, o. J.*) der Wiccas. Die Elemente bilden einen Rahmen, da jedes Element mit einer anderen heiligen Richtung verbunden ist. Die Rituale, die sie praktizieren, können sich unterscheiden, je nachdem, von welchem Element sie am meisten beeinflusst werden. Es kann auch Zeiten geben, in denen man mehr mit einem Element als mit den anderen verbunden ist. Die meisten Wiccas versuchen jedoch, sich mit allen fünf Elementen zu verbinden. Hier sind die einzelnen Himmelsrichtungen, mit denen die Elemente verbunden sind:

- Die Erde ist mit dem Norden verbunden.
- Luft wird mit dem Osten assoziiert.
- Feuer wird mit dem Süden in Verbindung gebracht.
- Wasser wird mit dem Westen assoziiert.
- Der Geist ist mit dem Zentrum verbunden, weil jeder Mensch seinen Geist in sich trägt.

Das Pentagramm ist ein Symbol, das die Fähigkeit der Wicca darstellt, ihren Geist mit der Erde oder den Elementen zu verbinden. Die fünf Elemente werden oft auf dem Pentagramm verortet, um zu zeigen, dass jedes der Elemente für verschiedene Lebensbereiche wichtig ist und die Einheit aller fünf Elemente für spirituelle Ermächtigung und Ganzheitlichkeit erforderlich ist. Hier sehen Sie, wie die Elemente auf dem Pentagramm angeordnet sind und welche Bereiche des Lebens sie beeinflussen:

- Erde beeinflusst die körperliche Ausdauer und Stabilität und befindet sich in der unteren linken Ecke des Pentagramms.

- Feuer beeinflusst Kühnheit und Mut und befindet sich in der unteren rechten Ecke des Pentagramms.
- Wasser beeinflusst Intuition und Emotionen und befindet sich auf der oberen rechten Seite des Pentagramms.
- Luft beeinflusst das Denken, die Intelligenz und die Künste und befindet sich oben links im Pentagramm.
- Der Geist befindet sich an der obersten Spitze des Pentagramms und steht für sich selbst und das Göttliche.

Menschen, die körperlich aktiv und fit sind, sind wahrscheinlich mehr mit der Erde verbunden als mit den anderen Elementen.

Die Elemente spielen im Glauben und in den Praktiken der Wicca eine große Rolle. Wicca ermöglicht es den Menschen, sich mit sich selbst und der Natur zu verbinden, die Bedeutung der Elemente in ihrem Leben zu verstehen und den Schaden oder die Heilung anzuerkennen, die wir der Natur zufügen oder zukommen lassen können. Im nächsten Kapitel werden wir beginnen, tiefer in den Glauben der Wicca einzutauchen, indem wir ihre Ethik und die Wicca-Rede erforschen.

4

Ethik

Wie bei jeder Religion gibt es im Wicca ethische Grundsätze, mit denen sich die Anhänger identifizieren müssen. In der Regel ist es die mit einer Religion verbundene Ethik, welche die Menschen anzieht. Obwohl es verschiedene Arten gibt, Wicca zu praktizieren, folgen alle, die es zum Guten tun, denselben moralischen Kodizes, die in der Wicca-Rede und der Regel der dreifachen Wiederkehr beschrieben sind. In diesem Kapitel werden wir die Wicca-Rede und das Dreifachgesetz, deren Bedeutung für die Ethik sowie den Glauben der Wicca erkunden.

Die Wicca-Rede

Die Wicca-Rede ist ein wesentlicher Bestandteil des Glaubens und der Praktiken der Wicca-Religion. Sie umreißt die moralischen Standards, die mit dem Wicca und anderen neuheidnischen Religionen verbunden sind. Das mittelenglische Wort „Rede" in der Bezeichnung „Wicca Rede" leitet sich von den Wörtern für „Rat" und „Ratschlag" ab. Wiccas suchen die Wicca-Rede oft in schweren Zeiten auf. Es wird angenommen, dass die erste wortwörtliche Fassung der Wicca-Rede von einer 1964 gehaltenen öffentlichen Ansprache Doreen Valientes stammt. Die erste Form der Wicca-Rede bestand nur aus acht Wörtern, die in verschiedenen Formen variierten. Die ursprüngliche Wicca-Rede lautete:

„An ye harm none, do what ye will" (auf Deutsch: Solange es niemandem schadet, tu was du willst). (*Wiccan Rede*, 2022).

Im Jahr 1974 wurde eine längere Wicca-Rede veröffentlicht, die zur offiziell anerkannten Rede wurde und wie folgt lautet:

Auf das Hexenrecht musst du bauen, in vollkommener
Liebe und vollkommenem Vertrauen.
Lebe und lasse leben. Sei mäßig beim
Nehmen und mäßig beim Geben.
Zieh den Kreis auf dreimal aus, halt unwillkommene Geister draus.
Wenn dein Spruch soll wirksam sein, sprich ihn jedes Mal im Reim.
Die Augen sanft, Berührung zart, Hören vor Reden sei deine Art.
Wächst der Mond, geh sonnenwendig. Tanz und sing das
Pentakel lebendig.
Doch heult der Wolf beim blauen Eisenkraut, geh der
Sonne entgegen, denn der Mond wird abgebaut.
Wenn der Göttin Mond im neuen Stand, küss
dann zweimal ihr die Hand.
Achte den Vollmond, sei bereit. Für Sehnsucht im
Herzen ist die rechte Zeit.
Lässt der mächtige Nordwind sich spüren, streich die
Segel und schließe die Türen.
Der Wind aus dem Süden bringt Herzen zum
Blühen, auch du kannst mit ihm in Liebe erglühen.
Hat der Wind aus dem Westen zu befehlen, unruhig sind
dann die wandernden Seelen.
Neuigkeiten wird der Ostwind entschleiern, erwarte und
bereite dich vor auf das Feiern.
Neun Hölzer sind für den Kessel gut, brenn sie
schnell in sanfter Glut.
Holunder ist der Baum der Herrin, weise und alt,
schade ihm und ihr Fluch ist dein Gehalt.
Erreicht das Jahr Walpurgisnacht, brennen die
Feuer in voller Pracht.

*Ist das Rad bei Jul arriviert, dann zünd die
Fackeln und der Gehörnte regiert.
Alle Pflanzen sollst du pflegen, denn das trägt der Göttin Segen.
Die murmelnden Gewässer sind dein Gewissen, wirf einen
Stein und du wirst es wissen.
In deiner Not wirst du dich bewähren und nicht den
Besitz deiner Nächsten begehren.
Lass dich nicht mit den Toren ein, sie bringen dich in
falschen Schein.
Empfangen und Abschied mit Wärme gemacht, dein
Herz wird zum glücklichen Glühen gebracht.
Das Dreifach-Gesetz sei dein leitender Faden, dreimal bringt's
Glück und dreimal den Schaden.
Wenn Missgeschick regiert dunkle Tage, auf deiner
Stirn einen blauen Stern dann trage.
Die, die dich lieben, wirst nur du betrügen, sonst werden
auch sie dich ins Antlitz belügen.
Acht Worte, die die Wicca-Rede erfüllen, und da gilt's: Schadet es
keinem, dann tu was du willst! (The Wiccan Rede, o. D.)*

Die Wicca-Rede ist ähnlich wie die grundlegende Goldene Regel aller Religionen. Die Mehrheit der Wiccas, egal welcher Art, folgt der Wicca-Rede. Eine kleine Gruppe von gardnerischen Wiccas wählt jedoch die „Charge of the Goddess", insbesondere die folgende Zeile als ihren Moralkodex: „Halte rein dein höchstes Ideal, strebe immer danach; lass dich durch nichts aufhalten oder ablenken, denn mein ist das Geheimnis, das das Tor zur Jugend öffnet" (*Wiccan Rede, 2022*).

Die „Charge of the Goddess" ist für alle Wiccas und ihre Praktiken von grundlegender Bedeutung, wird aber in der Regel nicht als Moralkodex verwendet. Dieses Gedicht wird bei vielen Ritualen verwendet. Während dieser Zeit wird der Priester oder die Priesterin, der/die die Zeremonie leitet, zu einer Repräsentation der Großen Göttin. In der Charge wird beschrieben, wie die

Große Göttin die Wiccas führen und lehren wird. Sie ist für die Praxis von und den Glauben an Wicca von wesentlicher Bedeutung, auch wenn die Wicca-Rede der Standard-Moralkodex ist.

Die Bedeutung der Rede ist oft umstritten. Einige Wicca glauben, dass es sich um ein Gebot handelt, während andere glauben, dass es ein Ratschlag ist. Es gibt keine Aussage darüber, was genau die Wicca-Rede bedeutet, und es bleibt der Interpretation des Einzelnen überlassen, was er daraus macht. Nach allgemeinem Verständnis fordert die Wicca-Rede ihre Anhänger auf, anderen und sich selbst Gutes zu tun. Eine andere Interpretation der Rede ist, nicht nur nach den einfachen Wünschen des Lebens zu streben oder danach, was andere Menschen von einem erwarten, sondern immer dem eigenen Willen zu folgen. Im Gegensatz zu anderen Religionen gibt es keine Richtlinien dafür, was schadet und was nicht, sondern es bleibt ganz der Interpretation überlassen. Einige Wicca-Gruppen verstehen die Wicca-Rede so, dass man sich nicht selbst schaden soll. Dies gilt manchmal auch für Tiere und Pflanzen, nicht aber für andere Menschen. Insgesamt bleibt die Auslegung der Rede dem Wicca-Praktizierenden selbst überlassen. Dennoch wird allgemein davon ausgegangen, dass sie die Menschen dazu ermutigt, Verantwortung für ihre Handlungen zu übernehmen und anderen Menschen oder Dingen keinen Schaden zuzufügen.

Die Regel der dreifachen Wiederkehr

Okkultisten, Neuheiden und Wiccas folgen dem Grundsatz des Dreifachgesetzes, das besagt, dass die Energie, die ein Mensch in die Welt entsendet, dreifach zu ihm zurückkehrt. Die Regel der dreifachen Wiederkehr bezieht sich sowohl auf positive als auch auf negative Energien, was dazu beitragen kann, Wiccas von der Ausübung der dunklen Magie abzuhalten. Obwohl einige Wiccas das Dreifachgesetz als „Karma" bezeichnen, meinen diese beiden

Dinge nicht dasselbe Konzept. Beide ermutigen jedoch eine Person, Gutes zu tun, und im Gegenzug wird ihr Gutes widerfahren.

Einige Wiccas nehmen die Dreifachregel nicht wörtlich. Stattdessen glauben sie, dass die Energie so oft wie möglich zu ihnen zurückkehren wird, bis sie die nötige Lektion gelernt haben. Die Idee der Dreiheit bezieht sich auch auf die Dreifaltige Göttin. Nicht alle Wiccas halten sich an die Regel der dreifachen Wiederkehr, einige glauben, dass sie geschaffen wurde, um das Christentum nachzuahmen.

Die Rede und die Dreifachregel sind zwei grundlegende Glaubenssätze des Wicca, die von verschiedenen Gruppen unterschiedlich interpretiert werden können. Wenn man sich diese Praktiken ansieht, wird deutlich, dass Reden und Gedichte oft neu interpretiert werden, wobei die daraus resultierenden Praktiken diese Verschiebungen im Verständnis widerspiegeln. Im nächsten Kapitel werden wir die zahlreichen Feiertage und ihre Bedeutung im Wicca besprechen.

5

Feiertage und Feste

Gottheiten und Magie sind wesentliche Bestandteile von Wicca-Glauben und -Praxis. Wie wir wissen, sind die Große Göttin und der Gehörnte Gott Wesen, die integraler Bestandteil der Wicca-Religion sind, und ein Teil ihrer Verehrung erfolgt durch Feiertage und Feste. Wie bei jeder Religion sind Feiertage und Feste ein wichtiger Bestandteil ihrer Praxis. Historisch gesehen gab es in vielen Religionen zahlreiche Feste, die vielen verschiedenen Zwecken dienten. Bei den alten Griechen gab es Feste, die Demeter besänftigen sollten, damit die Menschen gesunde und reiche Ernten einfahren konnten. Sie versammelten sich für Dionysos und verehrten ihn, indem sie tranken, schlemmten und Sex hatten. Es gab Feste für den Übergang der Kinder von der Kindheit zum Erwachsensein. Wie bei anderen Religionen gibt es auch bei den Wiccas viele Feste und Feiertage. Wenn wir heute an Feiertage denken, kommen uns wahrscheinlich Weihnachten und Ostern in den Sinn, aber die Feste und Feiertage, die die Wiccas begehen, sind nicht dieselben. In diesem Kapitel werden wir viele von ihnen und ihre Zwecke erkunden.

Der Jahreskreis

Der Jahreskreis ist ein Symbol für die acht Sabbate, welche die Wiccas über das ganze Jahr verteilt feiern. Vor tausend Jahren feierten die Kelten die Feste, die im heute von den Wiccas verwendeten Jahreskreis abgebildet sind. Es gibt jedoch keinen Beweis für einen alten Jahreskreis, der in der Antike verwendet wurde, wie einige Wiccas zu behaupten versuchen. Die Namen der Feste, die die Kelten feierten, unterscheiden sich von denen der Wiccas.

Das Vergehen der Zeit und des Lebens ist im Jahreskreis festgehalten. Es ist eine Erinnerung daran, dass nichts ewig währt, aber auch eine Bestätigung für die ewige Wiederkehr und Wiedergeburt. Und obwohl die Jahreszeiten sich ändern und Menschen sterben, kommt alles wieder. Dies geht einher mit dem wiccanischen Glauben an die Wiedergeburt oder Reinkarnation. Selbst wenn der physische Körper eines Menschen stirbt, wird seine Seele in einem neuen Körper wiedergeboren. Obwohl die Modernisierung die Vorstellungen von einer linearen Zeit verändert hat, ermöglichen der Jahreskreis und seine Feiern ihnen, sich mit der Natur zu verbinden und ihre Zeit so zu akzeptieren, wie sie ist.

Die größeren bzw. acht Sabbate

Durch die acht Sabbate können Wiccas ihre Verbindung zur Natur ehren. Diese jahreszeitlichen Feste, die im Jahreskreis dargestellt werden, bieten eine Gelegenheit, über unseren Platz in der Welt nachzudenken und auf harmonische Weise zusammenzukommen. Auch wenn Sie sich vielleicht fragen, warum es acht Feste gibt, wenn es doch nur vier Jahreszeiten gibt? Das liegt daran, dass die Feste den Beginn und die Mitte jeder Jahreszeit markieren. Obwohl viele Wiccas eher allein als in einem Coven praktizieren, bieten die großen Sabbate allen Gelegenheit, zusammenzukommen und sich mit anderen Wiccas und der Natur zu verbinden. Die zyklische Natur der Zeit, die mittels der acht Sabbate dargestellt wird, ermöglicht es den Wiccas, darüber nachzudenken, was sie im vergangenen Jahr gewonnen und verloren haben. Dankbarkeit und der Blick in die Zukunft, aber auch die Rückschau auf die Vergangenheit ermöglichen es den Wiccas, Gleichgewicht und Harmonie in ihrem Leben zu finden.

Samhain (31. Oktober)

Obwohl jeder der Sabbate an einem oder mehreren Tagen begangen wird, die für die Wicca von Bedeutung sind, ist Samhain eines der wichtigsten. Für die Wiccas ist Samhain der Beginn des neuen Jahres, ähnlich wie der Neujahrstag, den die meisten Menschen am 1. Januar feiern. Der Name „Samhain" bedeutet „Ende des Sommers" und dieses Fest ist besonders wichtig, weil es am letzten Tag der hellen Jahreszeit stattfindet und den Beginn der Dunkelheit markiert. Dennoch hält sich hartnäckig der Irrglaube, dass die Zeit der Dunkelheit von Natur aus böse ist, insbesondere im Hinblick auf Halloween. Dies ist falsch; Dunkelheit und Licht sind für Wicca keine Symbole für Gut und Böse, sondern Notwendigkeiten. Es gibt kein Licht ohne regenerative Dunkelheit. Der Gehörnte Gott und die Große Göttin, Symbole für Licht und Dunkelheit, sind weder gut noch böse. Vielmehr betonen sie unsere Verbundenheit mit der Natur und erinnern uns daran, dass es ein Gleichgewicht zwischen zwei entgegengesetzten Kräften gibt.

Samhain ist ein historisches Fest, denn an alten Stätten in Irland, Wales, Schottland und Großbritannien gab es spezielle Versammlungsorte dafür. Während Nicht-Wiccas Samhain nicht typischerweise feiern, erinnern viele der Festlichkeiten der älteren Samhain-Bräuche an die Halloween-Traditionen, die heute praktiziert werden. Das Abbrennen von Lagerfeuern an Halloween und viele Praktiken dieser Nacht lassen sich auf die Traditionen von Samhain zurückführen. Beim Anzünden der Feuer wurden Opfergaben wie Getreide und Tiere verbrannt, was eine Schutzmaßnahme gegen böse Geister darstellte. Auch heute noch entzünden die Menschen Feuer, um diese Bedeutung zu symbolisieren.

Während dieses Festes nehmen sich die Wiccas einen Moment Zeit, um über das vergangene Jahr nachzudenken und die Menschen zu ehren, die sie verloren haben, sowie ihre Vorfahren. Wiccas und auch viele andere Kulturen glauben, dass der Schleier zwischen der Welt der Lebenden und der Toten an Samhain am dünnsten ist, sodass die Toten leicht in die Welt der Lebenden gelangen können. Obwohl dies für manche beängstigend sein mag, glauben die Wiccas, dass dies den Ahnen und verstorbenen Angehörigen erlaubt, mit den Lebenden zu kommunizieren. Ein Brauch ist, das Lieblingsessen der Verstorbenen zuzubereiten. Dass die Seelen der Verstorbenen den Schleier durchqueren können, bedeutet jedoch auch, dass diejenigen Geister, die das Gefühl haben, ihnen sei Unrecht geschehen, Wiedergutmachung oder Vergeltung fordern können.

Gleichzeitig wird vor nächtlichen Reisen an Samhain gewarnt, da man glaubt, dass nicht menschliche Geister wie Feen und Kobolde in der Anderswelt leben und in das Reich der Menschen hinüberwechseln könnten, um Sterbliche, die nicht aufpassen, zu verführen und zu entführen. Und um ihre Identität zu schützen, benutzen die Menschen Masken und Kostüme, um Geisterwesen abzuwehren, die ihnen schaden wollen.

Julfest, die Wintersonnenwende (20.-25. Dezember)

Jul ist der Sabbat, an dem der kürzeste Tag des Jahres, die Wintersonnenwende, gefeiert wird. Dieser Tag ist für die Wiccas von Bedeutung, da die Tage nach diesem Fest wieder länger werden und es somit die Erneuerung der Lebenszyklen symbolisiert. Die Heiden nutzen das Julfest, um die Geburt eines Sonnengottes zu feiern. Für die Wicca ist dieses Datum der Tag der Wiedergeburt des Gehörnten Gottes durch die Große Göttin. Daher achten die Wiccas am Julfest besonders auf den immergrünen Baum, schmücken ihn zu Ehren des Sonnen- bzw. Gehörnten Gottes und legen ihm Geschenke hin. Bei den Wiccas steht der immergrüne Baum für die Kraft des Lebens und die Fähigkeit, trotz des Wechsels der Jahreszeiten zu überdauern.

Neben dem immergrünen Baum wird ein Feuer entzündet, um den Julklotz zu verbrennen. Auch in der dunklen Jahreszeit wird ein Feuer angezündet, um an Wiedergeburt und Neuanfang zu erinnern. Jedes Jahr wird ein Stück des Julklotzes für das nächste Jahr aufbewahrt, und während die Menschen um das Feuer herum singen, werfen sie Stechpalmenzweige hinein. Die Stechpalme soll die Herausforderungen symbolisieren, die sie erlebt haben, und dass diese die Menschen nicht niederdrücken, sondern ihnen helfen, sich weiterzuentwickeln.

Kommen wir nun zu den beiden Figuren des Wicca: dem Eichen- und dem Stechpalmenkönig. Das Julfest soll zeigen, dass der Eichenkönig wieder die Macht über den Stechpalmenkönig erlangt. Diese beiden Figuren stehen für Licht und Dunkelheit. Wenn die Tage kürzer werden und weniger Licht vorhanden ist, regiert der Stechpalmenkönig, der Eichenkönig regiert, wenn die Tage länger werden. Der Machtwechsel zwischen diesen beiden Figuren zeigt die Kontinuität des Lebens.

Imbolc (1.-2. Februar)

Dieses Fest, das in der Mitte zwischen der Wintersonnenwende und der Frühlings-Tagundnachtgleiche liegt, ist eine Zeit, in der Reinigung und Wiedergeburt gefeiert werden. Imbolc bedeutet „im Bauch", was Fruchtbarkeit, Verheißung für die Zukunft und Hoffnung symbolisiert. Die keltische Göttin Brigid als Göttin der Fruchtbarkeit, der Poesie, der Medizin, der heiligen Quellen und der Schmiede ist die Schutzgöttin dieses Festes. Einige Wiccas stellen Puppen nach dem Bildnis der Göttin her, indem sie Getreidehalme miteinander flechten. Die Herstellung dieser Geschenke zu ihren Ehren soll Kontinuität, Glück und Fruchtbarkeit symbolisieren. Der 2. Februar ist auch für Nicht-Wicca von Bedeutung, da in der westlichen Gesellschaft Mariä Lichtmess begangen wird. Wiccas feiern Imbolc in der Hoffnung auf einen frühen Frühling.

Ostara, die Frühlings-Tagundnachtgleiche (20.-23. März)

Das Versprechen von Hoffnung, Geburt und Fruchtbarkeit erfüllt sich, wenn Wiccas Ostara, auch bekannt als Frühlings-Tagundnachtgleiche, feiern. Historisch gesehen war Ostara den Heiden heilig. Dennoch wurden ihre Feiern geheim gehalten, und es ist sehr wenig darüber bekannt, wie die Heiden Ostara feierten, bevor Jacob Grimm das Fest ans Licht brachte. Eostre, die germanische Göttin des Frühlings und der Fruchtbarkeit, stand Pate für den Namen des Festes. Wie Persephone soll auch Eostre zur Tagundnachtgleiche aus der Erde aufsteigen und den Frühling mit sich bringen. Verschiedene Mythen besagen, dass sie entweder in den Monaten davor schläft oder schwanger ist und gebiert, wenn sie die Erde verlässt. Laut den Darstellungen wird die Große Göttin um diese Zeit von dem Gehörnten Gott geschwängert. Dieser Sabbat steht im Zeichen der Erneuerung und Wiedergeburt, doch ist wenig darüber bekannt, wie die Wiccas ihn begehen. Es gibt Hinweise darauf, dass früher ein Festmahl, zu dem manchmal auch ein Kaninchen gehört, Teil der Feierlichkeiten war.

Beltane (30. April – 01. Mai)

Beltane ist ein Fest, das in der Mitte des Frühlings stattfindet und die Fruchtbarkeit, das Licht und die Ankunft des Sommers feiert. Es wird angenommen, dass der keltische Gott Bel die Inspiration für den Namen ist, der von dem Ausdruck „Bel's Fire" stammt, was so viel wie „helles Feuer" bedeutet. Lagerfeuer sind bei diesem Fest unverzichtbar, denn Feuer wird mit Leidenschaft assoziiert. Während dieses Festes sollen die Menschen ihren Begierden frönen und ihre Hemmungen ablegen.

Bei alten heidnischen Ritualen wurde um einen Baum getanzt und Bänder um einen Maibaum gewickelt. Außerdem wurde eine junge Frau zur Maikönigin gewählt, die für die Fruchtbarkeitsgöttin Flora stehen sollte.

Dieses Fest steht für die Zunahme des Lichts in der Welt, da die Natur weiter erwacht. Dies bedeutet jedoch auch, dass unsichtbare Wesenheiten aus dem Reich der Geister erwachen. Obwohl Feen in der Regel als ungefährlich galten, waren sie auch dafür bekannt, gern Unfug zu treiben. Das Ritual des Anbringens eines Ebereschenzweigs an der Decke des Hauses wurde vom Hausherrn durchgeführt, ebenso wie eine Reinigung, bei der eine brennende Kerze von der Vordertür zur Hintertür, zu den Ecken des Hauses und vom Herd an der Seite zur gegenüberliegenden Seite des Hauses getragen wurde. Das Umhergehen symbolisiert die Schaffung eines Netzes mit acht Punkten.

Litha, die Sommersonnenwende (20.-22. Juni)

Wenn der längste Tag des Jahres näher rückt, wird die Feier der Sommersonnenwende oder der Litha-Sabbat begangen. Mit dieser Feier wird der offizielle Machtwechsel vom Eichen- zum Stechpalmenkönig vollzogen. Nach diesem Tag beginnen die Tage kürzer zu werden. Tänze, Lagerfeuer, Festessen, Honigkuchen und frische Früchte sind traditionell bei diesem Fest. Es wird als Sieg des Lichtes über die Dunkelheit gefeiert, obwohl man weiß, dass die Dunkelheit das Licht nach diesem Tag langsam wieder einholen wird.

Zur Sommersonnenwende schützen sich die Menschen vor unsichtbaren Gefahren wie Geisterwesen. Es wird geglaubt, dass diese mythischen Kräfte während Beltane zu wirken beginnen und im Sommer ihren Höhepunkt erreichen, um denjenigen Schaden zuzufügen, die keine vorbeugenden Maßnahmen ergreifen. Um sich vor solchen äußeren Kräften zu schützen, werden am Litha-Sabbat den ganzen Tag über Rituale durchgeführt, und als Symbol für dieses Fest werden Sonnenräder aus Stroh hergestellt. Wenn man an diesem Tag heiratete, wurden für die Paare besondere Schutzrituale durchgeführt, um sicherzustellen, dass ihre Ehen glücklich und gesund waren.

Lughnasadh (1. August)

Dieses Fest ist nach dem keltischen Gott der Wahrheit und Ordnung, Lugh, benannt. Lughnasadh ist als Erntefest bekannt und konzentriert sich auf das Ende des Sommers und den Beginn des Herbstes. Der Tod des Gehörnten Gottes wird als nahe bevorstehend angesehen, nach welchem er ins Sommerland und in die Unterwelt zurückkehren wird, bis die Große Göttin ihn zurückbringt. Während dieses Festes werden Früchte und Gemüse geerntet, die zuerst den Göttern und Göttinnen dargebracht werden.

Ernte, Herbst und Tod stehen auch im Zusammenhang mit dem Gott Lugh und dem Mythos von ihm und seiner Ziehmutter Tailtiu. Sie war eine der ersten keltischen Göttinnen und ihre Geschichte beschreibt, wie sie in Irland pflichtbewusst und selbstlos Aussaat auf dem Land ausbrachte, um es für die Menschen vorzubereiten; infolgedessen starb sie an Erschöpfung. Um sie zu ehren, veranstaltete Lugh an ihrem Todestag ein jährliches Fest, das zu Lughnasadh wurde.

Zu den üblichen Aktivitäten während dieses Sabbats gehören Bogenschießen, Pferderennen, Fechten, Wettläufe, Boxen und Ringkämpfe. Bei diesen Aktivitäten handelt es sich um Begräbnisrituale zu Ehren von Tailtiu, aber sie dienen auch als Abschlussfeier des Sommers.

Mabon, die Herbsttagundnachtgleiche (20.-23. September)

Mabon, das Fest der Herbsttagundnachtgleiche, vervollständigt den Jahreskreis und wird als Zeit der Besinnung und des Dankes genutzt. Im Gegensatz zu vielen anderen Sabbaten ist der Name eine moderne Erfindung und wurde erst in den 1970er-Jahren eingeführt. Man hat festgestellt, dass es in fast allen alten Kulturen eine Figur gab, die in die Unterwelt hinabstieg, um den Herbst und Winter einzuläuten, und die dann zu Beginn des Frühlings wieder aufstieg. Je nach Religion wurde ein Gott oder eine Göttin an diesem Tag als sterbend und in die Unterwelt zurückkehrend angesehen. Bei den Wiccas ist dies der Gehörnte Gott. Ein anderes Beispiel ist Persephone im alten Griechenland.

Während des Mabon-Sabbats feiern Wiccas und Heiden die zweite Ernte und den Wintereinbruch. An diesem Sabbat war es besonders wichtig, für die Ernte zu danken, die sie in diesem Jahr einbringen konnten. Das Feiern der Gaben, die sie im Wald sammeln konnten, geht auch mit der Erkenntnis einher, dass der Boden vor der Wintersaison absterben würde.

Esbat

Neben den größeren oder acht Sabbaten gibt es im Wicca weitere Feste und Feiern, die als Esbate bekannt sind. Jeden Monat, wenn der Vollmond aufgeht, treffen sich die Menschen in Gruppen und feiern gemeinsam oder auch alleine. Diese Zusammenkünfte sind eine Gelegenheit, an Initiierungen und heilmagischen Riten teilzunehmen. Die dreizehn Mondmonate des Jahres sind alle durch

Esbate gekennzeichnet, was jeden Vollmond zu einem besonderen Anlass macht.

Wiccas begehen Esbate häufig bei Vollmond. Bestimmte Coven oder Praktizierende feiern sie aber auch bei Neumond. Esbate sind von wesentlicher Bedeutung, da die Kraft des Mondes genutzt wird, um sich in dieser Zeit gestärkt zu fühlen. Bei Neumond-Esbaten werden Rituale zur Heilung, zum persönlichen Wachstum und zur Einweihung in neue Unternehmungen durchgeführt. Es sind die intimsten der Feiern, und Außenstehende werden nur selten eingeladen.

Götter und Göttinnen werden während der Esbaten immer noch geehrt, wenn auch nicht so sehr wie bei den Sabbaten. Traditionell wird während eines Esbats ein Kreis gezogen. Wenn jedoch ein Hexenzirkel oder eine einzelne Person diese Reinigung nicht vornimmt, werden alternative Reinigungsmethoden, wie das Räuchern, in bestimmten Bereichen durchgeführt. Dadurch wird der Ort als heilig gekennzeichnet. Wasserschalen und Mondkerzen sind ein wesentlicher Bestandteil der Rituale, die während eines Esbats durchgeführt werden. Mehr über Wicca-Rituale erfahren Sie später in diesem Buch.

Wie Sie gelernt haben, gibt es zahlreiche Feste, Feiertage und Rituale, die Wiccas über das ganze Jahr verteilt begehen, und damit sind noch nicht die persönlichen Rituale abgedeckt, die ein Coven oder eine Person praktizieren könnte, einschließlich derer, die mit Geburt, Heirat und Tod zu tun haben. Diese werden im nächsten Kapitel behandelt.

6

Geburt, Heirat und Tod

Jede Religion und jeder Mensch hat seine eigene Art, zu feiern oder zu trauern. Und innerhalb der Wicca-Religion gibt es verschiedene Rituale, die von unterschiedlichen Arten von Wicca durchgeführt werden. Neben dem Feiern von Sabbaten und Esbaten gibt es zahlreiche andere Rituale, an denen Wicca entweder in einem Coven oder als Einzelperson teilnehmen, zum Beispiel zu den Themen Geburt, Heirat, Trennung, Tod und das Leben nach dem Tod. In diesem Kapitel werden wir uns ansehen, wie Wiccas Rituale wie Wiccaning (Geburt), Handfasting (Heirat), Handparting (Trennung), das Überschreiten der Brücke sowie zum Leben nach dem Tod bzw. zur Reinkarnation durchführen.

Wiccaning (Geburt)

Wenn Sie Teil der heidnischen Gemeinschaft sind und ein Kind bekommen, werden Sie wahrscheinlich gefragt werden, ob Sie eine Wiccaning-Zeremonie für Ihr Kind abhalten werden. Vielleicht sind Sie auch neu in der heidnischen Gemeinschaft und müssen entscheiden, ob Sie eine Wiccaning-Zeremonie für sich selbst durchführen werden. Es ist wichtig, daran zu denken, dass nicht alle Heiden Wicca sind; man kann Teil der heidnischen Gemeinschaft sein, aber keine Wicca. Die Wiccaning-Zeremonie heißt einen Säugling, ein Kind oder eine neue Person in der heidnischen oder wiccanischen Gemeinschaft willkommen. Sie wird oft mit der Taufe der Christen verglichen.

Heiden, die sich nicht als Wicca bezeichnen, durchlaufen eine Begrüßungszeremonie, die im englischen Sprachraum „Saining" genannt wird. Sie müssen nicht an einer Wiccaning-Zeremonie teilnehmen, um Wicca zu sein, und Sie müssen diese Zeremonie auch nicht für Ihre Kinder durchführen. Es ist ganz Ihnen als Person oder Elternteil überlassen, ob Sie eine Wiccaning-Zeremonie durchführen wollen.

Das Saining ist dem Wiccaning sehr ähnlich. Dabei werden für das Kind Talismane hergestellt und Rituale durchgeführt, um sicherzustellen, dass es sein Leben lang gesund bleibt und es ihm gut geht. In alten Wiccaning- und Saining-Praktiken wird beschrieben, wie Kinder durch einen Stein mit einem Loch geführt werden, um sie vor Feen und anderen Kreaturen in der Anderswelt zu schützen. Der Schutz vor Feen ist von entscheidender Bedeutung, denn die Heiden glauben, dass Feen in die Welt der Sterblichen kommen, Babys entführen und einen Wechselbalg an ihrer Stelle hinterlassen. Bei einer Wiccaning- oder Saining-Zeremonie wird der Schutz von Kindern besonders betont. Bei ersterer ist es üblich, die Person oder das Kind den Göttern und Göttinnen zu präsentieren.

Es ist wichtig, sich daran zu erinnern, dass die Teilnahme an einer Wiccaning-Zeremonie für Sie oder Ihr Kind nicht bedeutet, dass Sie sich an etwas binden. Bei einer Wiccaning-Zeremonie geht es nur darum, Sie oder jemand anderen in eine spirituelle Gemeinschaft aufzunehmen, in der Sie hoffentlich wachsen und gedeihen können.

Handfasting (Heirat)

Die Handfasting-Zeremonie gibt es seit Tausenden von Jahren. Sie ist in zahlreichen Kulturen verbreitet, es wird jedoch angenommen, dass sie keltischen Ursprungs ist. Ihre Ursprünge sind eng mit der Natur und der Spiritualität verbunden. Daher kommt auch der englische Ausdruck „tying the knot" (wortwörtlich „den Knoten festziehen") für das Schließen einer Ehe.

Die Geschichte des Handfastings ist älter als das Christentum. Da viele Menschen es sich nicht leisten konnten, Goldringe für ihre Ehepartner zu kaufen, war eine Handfasting-Zeremonie eine viel erschwinglichere Option. Obwohl das Ritual nichts weiter als ein Band, ein altes Stück Stoff oder eine Kordel ist, mit der beim Austausch des Eheversprechens die Hände zweier Menschen zusammengebunden werden, hat es dennoch einen tief spirituellen Charakter. In der Regel halten die Paare ihre Hände bis Mitternacht zusammengebunden. Es gilt, dass ihre Verbindung gelingen wird, wenn sie ihre Nöte überwinden, während sie miteinander verbunden sind. Heutzutage bleiben die Paare jedoch in der Regel nur für die Dauer der Zeremonie aneinandergebunden.

Die Kordel oder der Stoff, der für eine Handfasting-Zeremonie verwendet wird, hat unterschiedliche Bedeutungen. Es ist jedoch Sache des Paares, zu entscheiden, welche Symbole es vermitteln möchte. Bei der Auswahl der Farben werden verschiedene Faktoren berücksichtigt, wie zum Beispiel:

- Vergangenheit, Gegenwart und Zukunft,
- Träume, Abenteuer und Hoffnungen,
- Versprechen, die Sie sich gegenseitig geben,
- Persönlichkeit,
- besondere Menschen in ihren Leben.

Wiccas sind die einzige Gemeinschaft, die das Handfasting praktiziert. Wenn Sie Teil eines Covens sind, wird der Covenführer normalerweise die Handfasting-Zeremonie durchführen. Diese Zeremonie besteht aus mehreren Teilen, die normalerweise in der folgenden Reihenfolge ablaufen:

* Musik und Einzug,
* Begrüßung der Gäste und Willensbekundung,
* erste Lesung,
* zweite Lesung,
* Überreichen von Kordeln oder Bändern zum Handfasting,
* Ritual, bei dem die Hände der Paare gebunden werden,
* Austausch der Eheversprechen,
* Eheschließungserklärung,
* Abschlusserklärung,
* Auszug und Musik.

Wie Ihre Handfasting-Zeremonie abläuft, hängt davon ab, ob Sie Teil eines Covens sind, ob Sie auch andere Rituale durchführen oder etwas anderes in die Zeremonie einbeziehen möchten. Neben der Zeremonie können das Paar und die Gäste an einer Tradition teilnehmen, die als „Besensprung" bekannt ist und den Aufbau eines gemeinsamen Heims und einer gemeinsamen Feuerstelle symbolisiert.

Insbesondere für Wiccas gibt es zwei Phasen der Ehe. Die erste ist die Verlobung, die ein Jahr lang dauert. Zu diesem Zeitpunkt erhält das Paar einen Kelch, und nach dem Jahr vollzieht das Paar das Handfasting-Ritual. Bei diesem Ritual wird auch der Kelch zerbrochen, und das Paar erhält die Scherben.

Handparting (Trennung)

Nicht jeder ist dazu bestimmt, verheiratet zu sein, und die Wiccas erkennen dies an; daher haben sie Trennungsrituale. Das Handparting, also die Handlösung, ist der Ritus, der eine Handfasting-Zeremonie formell beendet und die symbolischen und spirituellen Bande, die während der Zeremonie geknüpft wurden, durchtrennt. Mit diesem Ritual wird auch betont, dass zwischen dem Paar zwar keine emotionale Liebe mehr besteht, aber immer noch eine Freundschaft vorhanden ist. Im Wicca werden Scheidungen nicht bestraft, da ein Eheversprechen so lange gilt, wie die Liebe hält. Da eine Scheidung nicht bestraft und man deswegen nicht diskriminiert wird, ist es für ein Paar viel einfacher, sich zu trennen, was ihre Beziehungen nach der Ehe viel gesünder macht.

Wenn ein Paar rechtmäßig verheiratet ist, muss es sich trotzdem einer zivilen Scheidung unterziehen, und die Handparting-Zeremonie kann jederzeit vor oder nach diesem Ereignis stattfinden. Für Wiccas kann die Handfasting-Zeremonie mit einer Ehe gleichgesetzt werden, aber um rechtmäßig verheiratet zu sein, wäre eine zivile Ehe und damit auch eine richterliche Scheidung nötig. Wenn ein Paar keine zivile Ehe geschlossen hat, ist die Handparting-Zeremonie gleichbedeutend mit einer Scheidung.

Wer an dieser Zeremonie teilnimmt, hängt ganz vom Einzelfall ab. Manche Paare möchten nur einen Priester oder eine Priesterin dabeihaben, während andere Eltern, Angehörige und Kinder dabeihaben möchten, wenn sich die jeweiligen Parteien gut miteinander verstehen.

Die Zeremonie des Handpartings findet an einem Altar statt, der in der Wohnung des Paares oder im Büro des Zeremonieleiters aufgestellt werden kann. Der Altar wird mit kobaltblauen, schwarzen und roten Tüchern (die schwarzen stehen für Weisheit, die roten für Heilung) sowie anderen Tüchern bedeckt, die für das

Paar von Bedeutung sein könnten. Die Scherben des Kelches und die Schnüre vom Handfasting sollte das Paar beim Ritual dabeihaben. Götter und Gottheiten werden angerufen, damit sie das Ritual überwachen, und das Paar wird über die Lektionen sprechen, die es aus der Ehe gelernt hat. Das Ziel dieser Zeremonie ist die friedliche Trennung der Parteien, damit sie ihren früheren Partner und der Beziehung, die sie hatten, Respekt entgegenbringen können.

Das Überqueren der Brücke (Tod)

Wie Sie in diesem Kapitel sehen können, haben Wiccas zahlreiche Rituale für die verschiedenen Aspekte des Lebens. Eines der letzten Rituale im Leben ist das Ritual des Überquerens der Brücke, das beim Tod eines Wiccas durchgeführt wird. Verschiedene Wicca-Gruppen führen diese Zeremonie auf unterschiedliche Weise durch, aber sie alle ehren den Tod eines Wiccas mit einem Brückenüberquerungsritual. Zu den üblichen Bräuchen gehören dabei ein Spiraltanz, der den Kreislauf des Lebens darstellt, oder eine Nachstellung des Abstiegs eines Gottes oder einer Göttin in die Unterwelt. Geschichtenerzählen, Fest- und Trinkmahle gehören ebenfalls zu den üblichen Beerdigungsriten der Wicca. Die Geschichten spiegeln in der Regel das Leben der verstorbenen Person wider. Die Betonung von Leben und Tod ist während dieses Rituals von wesentlicher Bedeutung und führt uns zum nächsten Aspekt des wiccanischen Glaubens: dem Leben nach dem Tod und der Reinkarnation.

Leben nach dem Tod und Reinkarnation

Wie wir in einem früheren Kapitel erfahren haben, ist der Gehörnte Gott der Herrscher über die Unterwelt, und das Sommerland ist das Reich, in dem die Seelen auf ihre Reinkarnation warten. Die Konzepte des Jenseits und der Reinkarnation sind nicht neu, jede Kultur und Religion hat ihre eigenen. Je nach Kultur unterscheidet sich der Aspekt eines wiedergeborenen Menschen, ob es sein Geist, seine Seele oder sein Bewusstsein ist. Obwohl das Leben nach dem Tod und die Reinkarnation in den Praktiken der Wicca-Religion präsent sind, glauben nicht alle Wicca daran. Die wiccanischen Traditionen zielen darauf ab, das Beste aus dem Leben zu machen, anstatt sich Gedanken darüber zu machen, was nach dem Tod geschehen wird. Einige Wiccas glauben, dass Menschen nur in neue menschliche Körper reinkarniert werden können, während andere anerkennen, dass man auch als Tier reinkarniert werden kann. Wenn sich die Seelen im Sommerland befinden, kann ein Medium mit ihnen Kontakt aufnehmen.

Feri Wicca ist eine Art von Wicca, bei der Vorstellungen über die Seele und das, was danach geschieht, eine Rolle spielen. Es hat die hawaiianische Vorstellung übernommen, die besagt, dass der Mensch drei Seelen hat. Dies kann auf das Konzept einer Dreiheit anspielen, wie auch das Dreifachgesetz und die dreifaltige Göttin.

Wir haben zahlreiche wiccanische Glaubensvorstellungen besprochen, darunter die Gottheiten, die Elemente, die Ethik, die Feiertage und Feste sowie zahlreiche Rituale, die im Leben eines Menschen eine Rolle spielen. Wir haben somit Säule 2 abgeschlossen und es ist an der Zeit, Säule 3 zu besprechen, in der es um wiccanische Praktiken geht, beginnend mit den zahlreichen Möglichkeiten, wie man Wicca praktizieren kann.

Säule 3
Praxis

Viele von uns fühlen sich zu Wicca hingezogen, weil es Freiheit bietet. Jeder von uns hat seinen eigenen Weg, und manchmal müssen wir erst herausfinden, welchen Weg wir gehen wollen. Deshalb ist Säule 3, die sich mit den Praktiken des Wicca befasst, so wichtig; sie konzentriert sich darauf, welcher Art von Praxis Sie nachgehen könnten. Daher wird in diesem Abschnitt des Buches in Kapitel 7 über die Wahl der Praxis und in Kapitel 8 über die Initiation gesprochen.

In Kapitel 7 erkunden wir die verschiedenen Arten von Praktiken innerhalb des Wicca. Sie können zwischen den Praktiken im Coven, als freifliegende Hexe, als Hexe aus Familientradition, als eklektische Hexe oder als Heckenhexe wählen. Sie können ebenso säkulare Magie, kosmische Magie, grüne Magie, Küchenmagie, Herdmagie, neutrale Magie oder Weissagung praktizieren. Was auch immer Sie anspricht, wird am besten zu Ihrem spirituellen Weg passen.

In Kapitel 8 werden wir uns dann damit befassen, wie man in einen Coven und dadurch in eine bestimmte Tradition initiiert wird. Es gibt zwei Riten: den Ritus der Einweihung und den Ritus des Übergangs. Durch diese Riten kommt es zu einer Transformation und einer Initiation in eine neue Art des Seins in der Welt, die ein größeres Verständnis und eine stärkere Verbindung zu Ihnen selbst sowie eine tiefere Verbindung zu anderen Menschen, die sich ebenfalls auf diesem Weg befinden, bringen kann.

7

Wählen Sie Ihre Praxis

Je nach Art der Religion, die Sie praktizieren, hat diese möglicherweise viele verschiedene Zweige, aus denen Sie für Ihre Praxis wählen können. Wie wir gelernt haben, wurde Wicca von Gardner gegründet, aber er zwang nicht alle Wiccas, auf dieselbe Weise zu praktizieren wie er. Es gibt zahlreiche Möglichkeiten, Wicca auszuleben, denn das Hauptziel dieser Religion ist, sich mit sich selbst und der Natur zu verbinden, wie auch immer dies genau aussieht. Als Wicca verschiedene Teile der westlichen Kultur erreichte, wurde es vielen Menschen vorgestellt, die es so anpassten, dass es ihre Bedürfnisse bestmöglich erfüllte. In diesem Kapitel werden einige der gängigsten Arten der Wicca-Praxis vorgestellt.

Im Coven

Als Wicca gegründet wurde, wurde es in erster Linie in Coven praktiziert. Gardner bildete einen der ersten Coven zu Beginn der Entwicklung von Wicca, und als es sich ausbreitete, wurde dies zur wichtigsten Art, wie Hexen Wicca praktizierten. Ein Coven ist eine Gruppe von Hexen, die sich versammeln, um Rituale und Riten durchzuführen, speziell für die Sabbate, Esbate und Rituale, die im vorherigen Abschnitt dieses Buches besprochen wurden. Die Anzahl der Hexen in einem Coven variiert, die Hexen müssen nicht miteinander verwandt sein, um gemeinsam einen

Coven zu bilden. Drei oder mehr Hexen zusammen gelten als ein Coven. Die Stärke eines Covens wird nicht durch die Anzahl der Hexen bestimmt, die ihm angehören. Vielmehr geht es um ihre Verbindung, ihr Wesen und ihre Macht. Drei mächtige Hexen können stärker sein als ein Coven mit zehn Mitgliedern.

Freifliegend

Da Wicca nicht mehr so populär ist wie früher, kann es schwierig sein, einen Coven zu finden, sodass sich viele Wicca dazu entschließen, allein zu praktizieren. Ein Wicca möchte vielleicht auch allein arbeiten. Keinem Coven anzugehören, kann einer Hexe eine gewisse Freiheit geben. Denn anstatt den Praktiken des Zirkels zu folgen, kann man verschiedene Praktiken kombinieren, um sich das Beste für sich selbst herauszusuchen und sich zu erlauben, die tiefen Verbindungen herzustellen, die man anstrebt.

Familientradition

Nicht alle Hexen werden als solche geboren. Viele Wiccas, vor allem in der Anfangszeit der Bewegung, gehörten wahrscheinlich ursprünglich einer anderen Religion an und beschlossen, Wicca zu praktizieren, weil sie mit den Grundwerten und Praktiken des Wicca mehr übereinstimmten. Hexen in Familientradition sind diejenigen, die ihre Magie von ihren Familien geerbt haben. Viele Menschen, die in eine Wicca-Familie hineingeboren wurden, identifizieren sich wahrscheinlich in gewisser Weise als einem Erbe folgend. Diese Hexen haben wahrscheinlich keine Rituale und Praktiken, die ausschließlich auf diesem Status beruhen, sondern sind Teil einer anderen Art von Wicca.

Eklektisch

Eklektische Hexen bezeichnen sich als Wicca, aber ihre Praktiken und Überzeugungen sind nicht streng heidnisch. Stattdessen nehmen sie Aspekte anderer Religionen und Philosophien in ihre Praktiken auf. Egal, ob sie einem Coven angehören oder nicht, die Ideologien und Religionen, die sie als eklektische Hexe übernehmen, unterscheiden sich voneinander. Es gibt keine konkreten Regeln für eklektisches Wicca, weshalb sich viele Wiccas für diese Art der Praxis entscheiden.

Säkular

Im Gegensatz zu anderen Hexen, die sich auf Religion und Spiritualität stützen, um ihre magischen Fähigkeiten zu nutzen, binden säkulare Hexen ihre Macht nicht an einen Glauben oder an Mystizismus. Das bedeutet, dass sie ihr Handwerk frei ausüben können, ohne sich an die besonderen Glaubensvorstellungen der Wiccas halten zu müssen. Ebenso distanzieren sich diese Hexen oft von der wiccanischen Tradition oder anderen Glaubenspraktiken und definieren sich unabhängig.

Kosmische Magie

Hexen, die kosmische Magie praktizieren, konzentrieren sich auf die Sterne, auf Astronomie und Astrologie als integrale Bestandteile ihrer Praxis. Der Mond in all seinen Phasen ist ein grundlegender Bestandteil ihrer Rituale, wie auch bei anderen Wicca-Formen. Diese Aspekte der kosmischen Magie, die in vielen Wicca-Ritualen vorkommen, verstärken ihre Praxis. Normalerweise verwenden diese Hexen Beschwörungsformeln und Mondzyklen zum Schutz vor himmlischen Ereignissen. Sie haben eine Vorliebe für Sternzeichen und Geburtshoroskope. Ebenso verändern sie mit ihrem umfassenden Wissen über die Sternzeichen Energien und helfen den Menschen, sich selbst und den Einfluss des Kosmos auf sie besser zu verstehen.

Grüne Hexen

Hexen, die grüne Magie praktizieren, sind diejenigen, die sich auf Heilung sowie auf die nährende Kraft der Natur spezialisiert haben. Ihre Kraft, Rituale und Werkzeuge stammen alle aus der Erde. Pflanzen-, Blumen- und Kräuterpräparate werden von diesen Hexen häufig hergestellt und bilden die Hauptquelle für verschiedene Zaubersprüche. Diese Hexen schätzen die Natur sehr und respektieren sie über alles. Außerdem spielen sie eine große Rolle bei Sabbaten rund um Ernte, Heilung und Fruchtbarkeit.

Heckenhexen

Heckenhexen haben viele Gemeinsamkeiten mit grünen Hexen. Aber während letztere ihre magische Praxis der Natur widmen, können Heckenhexen verschiedene Formen der Magie praktizieren. Außerdem praktizieren sie oft allein, und wie eklektische Hexen beschränken sie sich nicht auf ein bestimmtes Glaubenssystem. Stattdessen können sie zahlreiche spirituelle und religiöse Ansätze in ihre Arbeit einbeziehen. Ebenso halten diese Hexen alles einfach und unkompliziert, da sie oft nicht die Unterstützung anderer Covenmitglieder haben. Zudem konzentrieren sie ihre Fähigkeiten auf Kräutermedizin, die Elemente und die Natur. Die Freiheit, die Heckenhexen haben, macht diese Praxis für jemanden geeignet, der sich zur Natur hingezogen fühlt, aber nicht Teil eines Covens sein möchte, wie es bei den meisten grünen Hexen der Fall ist.

Küchenhexen

Wie der Name schon sagt, konzentrieren Küchenhexen ihre Energie auf die Küche. Sie lassen Magie in ihr Kochen und Backen einfließen und nutzen Kräuter wegen ihrer metaphysischen Eigenschaften. Jede Zutat wird sorgfältig ausgewählt, um das beste Ergebnis für jedes Gericht zu erzielen, und zwar nicht nur wegen des Geschmacks, sondern auch, um das Potenzial ihrer magischen Eigenschaften zu entfalten. Bei Feiern und Festen bereiten die Küchenhexen Mahlzeiten zu, die sie mit dem Coven und der externen Gemeinschaft teilen. Je nach dem Zweck der Zusammenkunft bereiten sie unterschiedliche Gerichte zu.

Herdhexen

Herdhexen sind den Küchenhexen und den grünen Hexen ähnlich, ihre Praxis dreht sich jedoch um das Haus. Diese Hexen konzentrieren ihre Fähigkeiten auf Rituale und Gegenstände rund um das Haus, einschließlich ritueller Reinigung, Kräuterkunde und Kerzenmagie. Sie verfügen auch über ein umfangreiches Wissen über Schutzzauber, da sie es als ihre Aufgabe sehen, das Haus zu schützen.

Neutrale Hexen

Im Wicca wird weiße und dunkle Magie verwendet, wobei verschiedene Arten von Hexen die eine Seite der anderen vorziehen. Doch neutrale Hexen bewegen sich gerne in der Grauzone zwischen den beiden Extremen, da sie das anwenden, was für die jeweilige Situation am besten geeignet ist. Flüche und Verhexungen werden in der Regel als dunkle Magie betrachtet, und während die meisten Hexen sie nicht anwenden, tun es neutrale Hexen, wenn sie es für nötig halten. Obwohl diese Hexen beide Formen der Magie verwenden, sind sie nicht böse. Stattdessen verwenden sie die dunkle Magie, um schlechte Energie umzulenken und Gerechtigkeit zu erlangen. Sie verwenden ihre Magie, um unsichtbare Kräfte anzurufen, die ihnen helfen, unfaire Umstände und Ungerechtigkeiten zu korrigieren.

Weissagung

Hexen, die Weissagung praktizieren, können ihre Macht nutzen, um Omen zu entschlüsseln, die sich typischerweise aus dem Verhalten von Vögeln, Tieren und dem Wetter ergeben. Diese Hexen sind im Allgemeinen auch in der Lage, Wahrsagerei zu betreiben. Manche bezeichnen sich auch als Propheten. Außerdem können sie die Bewegungen von Vögeln, Tieren oder das Wetter nutzen, um Vorboten zu erkennen, von denen es fünf verschiedene Arten gibt:

- **Ex caelo = vom Himmel:** Dies hat nichts mit Vögeln zu tun, sondern hierbei wird in Donner und Blitz nach den Omen der Götter gesucht.
- **Ex avibus = durch Vögel:** Nicht alle Vögel oder Tiere sind Symbole der Götter. Traditionell gibt es zwei Möglichkeiten der Weissagung – einmal durch den Gesang und einmal durch die Flugbewegungen von Vögeln. Übliche Vögel, die für diese Praktiken verwendet werden, sind Raben, Eulen, Hühner und Krähen.
- **Ex tripudiis = durch das Füttern von Vögeln:** Hühner werden im Allgemeinen für diese Praxis verwendet. Weissagende Hexen bewerfen die Hühner mit Essen; je nachdem, wie sie reagieren, ist dies ein gutes oder schlechtes Omen.
- **Ex quadrupedibus = durch Vierbeiner:** Omen werden durch Tiere bestimmt, die auf vier Beinen laufen, wie Hund, Fuchs, Wolf oder Pferd.
- **Ex diris = aus Vorzeichen:** Hierbei handelt es sich um die am wenigsten genutzte Art, bei der die Weissagungen nicht vom Wetter oder von Tieren stammen, sondern im Wesentlichen jede Handlung sind, die anormal zu sein scheint.

Dies sind nur einige der vielen Wicca-Praktiken, aus denen Sie wählen können. Sie können sogar mehrere auswählen und entscheiden, welche Rituale, Formen und Praktiken Sie ausüben wollen. Egal, wozu Sie sich hingezogen fühlen, es gibt so viele verschiedene Wicca-Praktiken, die Sie übernehmen können. Nachdem Sie sich für eine Praxis entschieden haben, geht es im nächsten Teil von Säule 3 darum, in Wicca initiiert zu werden. Sie werden vielleicht überrascht sein, zu erfahren, dass es hierfür mehrere Möglichkeiten gibt.

8

Initiiert werden

Nun, da Sie die Geschichte von Wicca und seine Grundlagen kennen und sich für eine wiccanische Praxis entschieden haben, auf die Sie sich konzentrieren möchten, ist es an der Zeit, in Wicca initiiert zu werden. Die Initiation in Wicca unterscheidet sich von dem Wiccaning, über das wir zuvor gesprochen haben. Die spirituelle Aufnahme in die Wicca-Gemeinschaft durch ein Wiccaning bedeutet nicht, dass man sich verpflichtet, Wicca zu praktizieren. Eine Möglichkeit, initiiert zu werden, besteht in der Durchführung eines Rituals, bei dem Sie sich dem Wicca widmen. Das bedeutet aber nicht, dass man gezwungen ist, dabei zu bleiben; man kann Wicca und einen Coven verlassen, wann immer man will. Es gibt zwei Möglichkeiten, in Wicca initiiert zu werden: die Initiierung in einen Coven oder die Selbstweihe.

Die Coven-Initiation

In den Anfängen des Wicca beschrieb die Teilnahme an einem Coven den Weg, wie die meisten Menschen zum Wicca gefunden haben. Das liegt daran, dass nur sehr wenige Menschen von den Praktiken der Wicca wussten, ohne Teil der Gemeinschaft zu sein, es sei denn, sie suchten danach. Im Gegensatz zu größeren und weiter verbreiteten Religionen waren Informationen über Wicca nicht so leicht zugänglich wie heute, sodass die Initiation in einen Coven die erste Anlaufstelle darstellte. Die Initiation in einen Coven findet heute nicht mehr so häufig statt, da viele Wiccas allein und nicht als Teil eines Covens praktizieren. Das liegt daran, dass die Zahl der Coven seit den Anfängen des Wicca-Kultes erheblich zurückgegangen ist. Es gibt jedoch immer noch einige wenige Coven, so klein sie auch sein mögen. Um an der Initiation in einen Coven teilzunehmen, muss man zwei Rituale absolvieren. Das erste ist der Ritus der Einweihung, das zweite der Ritus des Übergangs. Es ist wichtig, zu wissen, dass es diese beiden Rituale in allen Coven gibt, dass sich die Art der Durchführung jedoch unterscheiden kann. Und jeder Coven kann verschiedene Riten oder Rituale haben, die von den initiierten Mitgliedern absolviert werden müssen, um vollständig in den Zirkel integriert zu werden.

Der Ritus der Einweihung

Der Einweihungsritus dient als Zeichen dafür, dass jemand einem Coven beitreten möchte. Nachdem die Wiccas diese Weihe vollzogen haben, beginnen sie mit der Ausbildung im entsprechenden Coven. Je nach Coven ist die Dauer der Ausbildung unterschiedlich lang. Die Bedeutung dieser Einweihung für die Person und den Coven hängt von den jeweiligen Umständen ab. Manche Coven nehmen die Einweihung sehr ernst, andere nicht so sehr. Die Ausbildung nach der Durchführung des eigentlichen Rituals kann ebenfalls als Teil des Ritus betrachtet werden, da die Eingeweihten dabei die Regeln und Kenntnisse des Covens lernen. Während der Einweihung lernt die Hexe, alles zu verkörpern, wofür der Coven steht.

Ein Einweihungsritus kann die Neugier auf Wicca und sein Glaubenssystem in eine Verpflichtung zum Erlernen der Praktiken und zur Entwicklung der eigenen Identität verwandeln. Unter dem Mondlicht ist dies eine Gelegenheit für Eingeweihte, sich mit der Natur zu verbinden und die direkte Aufmerksamkeit der Götter zu haben, während sie sich den Wicca-Lehren widmen.

Der Ritus des Übergangs

Nachdem jemand den Einweihungsritus durchlaufen hat, kann er sich dem Übergangsritus widmen. Der Übergangsritus in einen Coven findet normalerweise ein Jahr und einen Tag nach dem Einweihungsritus statt. In der Regel handelt es sich dabei um ein zeremonielles Ereignis, bei dem die Person oder die Personen, die daran teilnehmen, verschiedene Aufgaben oder Rituale ausführen müssen. Im Laufe der Jahrhunderte und in vielen verschiedenen kulturellen Gemeinschaften wurden Übergangsriten begangen. Das Ausmaß dieser Zeremonie und all dessen, was dazugehört, ist je nach Coven unterschiedlich. So kann die kulturelle, soziale und psychologische Bedeutung des Übergangsrituals variieren. Das Durchlaufen dieses Prozesses ermöglicht es einer Person, in die Gemeinschaft aufgenommen zu werden. Für Wiccas bedeutet dies, dass die Hexe oder die Hexen, die die Zeremonie durchlaufen, nach Abschluss in den Coven aufgenommen werden.

Je nachdem, ob Sie in die Wicca-Bewegung hineingeboren wurden oder erst später im Leben dazu finden, wird Ihr Übergangsritual unterschiedlich ausfallen. Die Übergangsriten derjenigen, die als Wicca geboren wurden, sind wahrscheinlich mit körperlichen Meilensteinen wie der Pubertät oder dem Eintritt ins Erwachsenenalter verbunden. Wenn Sie jedoch später im Leben zu Wicca finden, kann Ihr Ritus davon abhängen, wie lange Sie schon praktizieren. Die Art des Übergangsrituals, an dem Sie teilnehmen, unterscheidet sich von Coven zu Coven. Bei jedem Übergangsritus besteht das Ziel darin, die Person zu reinigen und sie darauf vorzubereiten, ihren neuen Lebensabschnitt als Wicca zu beginnen. Die Reinigung, die durchgeführt wird, ermöglicht es dem Einzelnen, mit dem Übernatürlichen zu kommunizieren und sich mit der Natur zu verbinden. Für jemanden, der nicht in die Wicca-Kultur hineingeboren wurde, kann die Reinigung bei diesem Ritus das Ablegen des vergangenen Lebens und den Beginn des neuen Lebens als Wicca symbolisieren.

Auch soziale Veränderungen, wie das Erwachsenwerden oder die Aufnahme in einen Coven, gehören zu den Übergangsriten. Hier ist eine Aufschlüsselung der verschiedenen Übergangsriten, die Sie erleben können:

Lebenszyklus-Zeremonien

Jeder Coven hat unterschiedliche Lebenszyklus-Zeremonien. Diese Übergangsriten sind mit biologischen Meilensteinen im Leben eines Menschen verbunden, einschließlich Geburt, Kindheit und Übergang ins Erwachsenenalter. Je nachdem, in welchem Coven man sich befindet und welche Praktiken dort angewendet werden, durchläuft man möglicherweise zahlreiche Lebenszyklus-Zeremonien. Es kann verschiedene Riten für verschiedene Geschlechter geben. Je nach der Art der Magie und ihren Praktiken, denen sich die jeweiligen Coven widmen, können sich die Ereignisse und das, was durchgeführt wird, erheblich unterscheiden.

Zeremonien zur sozialen Transformation

Die soziale Transformation umfasst auch die Zeremonien des Lebenszyklus, wenn die Menschen von einem Lebensabschnitt in einen anderen übergehen. Mit diesen Übergängen ändern sich auch ihr sozialer Status und ihre Rolle. Zeremonien, die nicht mit dem Lebenszyklus verbunden sind, haben keinen Bezug zu biologischen Meilensteinen, sondern finden statt, wenn sich die soziale Rolle einer Person verändert. Ein Beispiel für eine mit einem Übergangsritus verbundene soziale Transformation wäre, wenn jemand als neues Mitglied in den Coven initiiert wird oder wenn sich die Rolle einer Person innerhalb des Covens ändert, zum Beispiel wenn ein neuer Covenführer bestimmt wird.

Zeremonien zur religiösen Transformation

Opfer und Gaben sind bei diesen Zeremonien sehr üblich, um zu symbolisieren, was eine Person aufgibt und was sie bereit ist zu geben. Jemand, der kein Wicca ist und in einen Coven initiiert wird, erlebt während seines Übergangsrituals eine religiöse Transformation.

Selbstweihe

Wicca unterscheidet sich heute sehr von dem, was es noch vor 20 Jahren war. Damals waren Coven viel bekannter und zugänglicher für Menschen, die in Wicca initiiert werden wollten. Heutzutage ist es jedoch sehr viel schwieriger, Coven zu finden, vor allem solche, die öffentlich nach weiteren Initianten suchen. In der Zwischenzeit wurde die Selbstweihe viel anerkannter, was es einem erlaubt, so zu praktizieren, wie man will, ohne den Regeln eines Covens folgen zu müssen. Wie wir bereits besprochen haben, führen die Coven die Riten und Rituale für eine ordnungsgemäße Initiation durch, aber bei der Selbstweihe muss man diese allein durchführen.

Obwohl es nicht notwendig ist, dass Sie eine Zeremonie der Selbstweihe durchführen, ist dies eine ausgezeichnete Möglichkeit, Ihre Beziehung zu den Göttern, Göttinnen, der Natur und dem Göttlichen zu festigen. Wann und wie Sie sich dem Wicca weihen, hängt von Ihnen selbst ab. Manche Menschen möchten ein Jahr und einen Tag lang studieren und sich dann weihen; andere wählen dafür bestimmte Zeiten im Jahr oder im Monat. Es ist ganz Ihnen überlassen, wie Sie sich dem Wicca weihen wollen. Aber auch wenn Sie selbst entscheiden können, wann und wie Sie sich verpflichten, ist es wichtig, sich Zeit dafür zu nehmen, denn die Weihe ist ein wichtiger Teil Ihres spirituellen Weges. Hier finden Sie ein Beispiel für ein einfaches Ritual zur Selbstweihung, das Sie an Ihre Bedürfnisse anpassen können:

Führen Sie dieses Ritual, wenn möglich, nackt durch. Wenn es jedoch nicht möglich ist, nackt zu sein, sind alternative Bedingungen für das Ritual vorgesehen. Zu diesen Bedingungen gehört, dass der Raum frei von Ablenkungen, privat und ruhig ist. Beide Optionen zielen darauf ab, eine Umgebung zu schaffen, die eine konzentrierte und ununterbrochene rituelle Praxis ermöglicht. Für dieses Ritual brauchen Sie Öl zum Segnen, Salz und eine weiße Kerze. Beginnen Sie damit, sich durch Meditation zu erden. Erlauben Sie Ihrem Geist, sich zu entspannen, und lenken Sie ihn nicht auf irgendetwas Alltägliches. Sobald Sie sich ruhig fühlen, streuen Sie Salz auf den Boden und stellen Sie sich hinein. Halten Sie die weiße Kerze nahe genug an Ihren Körper, um ihre Wärme zu spüren, wenn Sie sie anzünden. Schauen Sie in die Flamme der Kerze und denken Sie über Ihre Beweggründe nach, während Sie dem folgenden Skript folgen, um Ihre Selbstweihe zu vollenden:

Stellen Sie sich vor Ihren Altar und sprechen Sie: *„Ich bin ein Kind der Götter und ich bitte sie, mich zu segnen."*

Tauchen Sie Ihren Finger in das Segensöl und salben Sie mit geschlossenen Augen Ihre Stirn. Manche Menschen zeichnen mit dem Öl ein Pentagramm auf ihre Haut. Sprechen Sie: *„Möge mein Geist gesegnet sein, damit ich die Weisheit der Götter annehmen kann."*

Salben Sie Ihre Augenlider (seien Sie hier vorsichtig!) und sprechen Sie: *„Mögen meine Augen gesegnet sein, damit ich meinen Weg auf diesem Pfad klar erkennen kann."*

Salben Sie Ihre Nasenspitze mit dem Öl und sagen Sie: *„Möge meine Nase gesegnet sein, damit ich die Essenz all dessen einatmen kann, was göttlich ist."*

Salben Sie ihre Lippen und sprechen Sie: *„Mögen meine*

Lippen gesegnet sein, damit ich immer mit Ehre und Respekt spreche."

Salben Sie Ihre Brust und sprechen Sie: *„Möge mein Herz gesegnet sein, damit ich lieben und geliebt werden kann."*

Salben Sie Ihre Handflächen und sprechen Sie: *„Mögen meine Hände gesegnet sein, damit ich sie benutzen kann, um andere zu heilen und zu helfen."*

Salben Sie Ihren Genitalbereich und sprechen Sie: *„Möge mein Schoß gesegnet sein, damit ich die Schöpfung des Lebens ehren kann."* (Wenn Sie männlich sind, nehmen Sie hier die entsprechenden Änderungen vor).

Salben Sie die Sohlen Ihrer Füße und sprechen Sie: *„Mögen meine Füße gesegnet sein, damit ich Seite an Seite mit dem Göttlichen wandeln kann."*

Wenn Sie bestimmte Gottheiten haben, denen Sie folgen, schwören Sie diesen jetzt Ihre Treue. Ansonsten können Sie *„Gott und Göttin"* oder *„Mutter und Vater"* verwenden. Sagen Sie: *„Heute Abend gelobe ich Gott und Göttin meine Hingabe. Ich werde mit ihnen an meiner Seite gehen und sie bitten, mich auf dieser Reise zu führen. Ich gelobe, sie zu ehren, und bitte sie, mir zu erlauben, ihnen näherzukommen. Wie ich will, so soll es sein"* (Wigington, 2018c).

Dies ist nur eine Möglichkeit, wie Sie das Ritual der Selbstweihe durchführen können. Da Sie allein es durchführen, können Sie es abändern, wie Sie wollen. Wichtig ist, dass Sie sich voll und ganz dem Wicca verschreiben und dass diese Zeremonie Ihren Wünschen für Ihre Erfahrung als Wicca am besten entspricht. Lassen Sie sich nicht von anderen vorschreiben, wie Sie sich dem Wicca weihen. Das Selbstweihungsritual, das ich Ihnen oben gegeben habe, ist einfach. Wenn Sie etwas Extravaganteres wollen, machen Sie es so; wenn Sie es so einfach wie möglich halten wollen, tun Sie auch das. Sie können auch andere Rituale einbeziehen.

Ob Sie nun von einem Coven initiiert werden oder den Weg der Selbstweihe beschreiten, Sie sind jetzt ein vollwertiges Mitglied der Wicca. Nun, da Sie Ihre Praxis gewählt haben und vollwertiges Mitglied sind, ist es an der Zeit, in Säule 4 einzutauchen und die verschiedenen Formen der Magie zu besprechen.

Säule 4
Magie

In Säule 4 werden wir die Magie des Wiccas erforschen, eine uralte, geheimnisvolle und mächtige Praxis mit vielen Schichten. Außerdem werden wir uns in drei verschiedenen Kapiteln mit Naturmagie, mit zeremonieller Magie und mit himmlischer Magie befassen, von denen jede einzigartige Aspekte bietet.

Beginnend mit den Kräften der Natur in Kapitel 9 werden wir lernen, wie wir Rituale und Zauber mit Pflanzen, Kräutern, Tieren, Steinen und mehr durchführen können. Dann, in Kapitel 10, werden wir die Kernelemente der zeremoniellen Magie und Techniken zur Geisterbeschwörung entdecken. Und schließlich werden in Kapitel 11 die himmlische Magie und die Frage besprochen, wie diese mit dem Göttlichen in Verbindung steht.

Während wir die Säule 4 erforschen, werden wir mehr von den Bestandteilen der Magie enthüllen. Lassen Sie uns nun tiefer in das Geheimnis eintauchen, das uns in den kommenden Kapiteln erwartet.

9

Naturmagie

Es gibt drei verschiedene Arten von Magie, die ein Wicca anwenden kann. Die erste Art, über die wir sprechen werden, ist die Naturmagie. Wie der Name schon sagt, bezieht sich diese Magie auf die natürliche Welt. Wiccas glauben, dass es zwei Welten gibt, die natürliche und die spirituelle, und um auf diese Welten zurückzugreifen, bedarf es unterschiedlicher Magie. Naturmagie wird für die menschliche Welt verwendet und nutzt verschiedene Pflanzen, Kräuter, Tiere, Steine und andere natürliche Kräfte, mit denen verschiedene Rituale, Tränke und Zaubersprüche durchgeführt werden.

Obwohl das Wort „Magie" im Namen vorkommt, stammt ein Großteil der natürlichen Magie aus den Naturwissenschaften, wie Alchemie, Astronomie, Astrologie, Chemie und Botanik. Und auch wenn Wicca eine moderne Erfindung ist, gibt es die Naturmagie schon seit der Renaissance. Bei der Naturmagie werden Materialien und Substanzen verwendet, die man wegen ihrer magischen Eigenschaften anruft. Je nach dem Zweck der magischen Handlungen werden unterschiedliche verwendet. In diesem Kapitel werden wir mehr über Materialien, Praktiken und Rituale der Naturmagie erfahren.

Die Elemente und die Pflanzen

Wir haben in diesem Buch zuvor gelernt, wie wichtig die Elemente für Wiccas sind, und jetzt schließt sich der Kreis wieder. Die Elemente sind ein zentraler Bestandteil der Naturmagie, und im nächsten Kapitel werden sie auch eine große Rolle bei der zeremoniellen Magie und der Geisterbeschwörung spielen. Sie fragen sich vielleicht, warum die Elemente und Pflanzen in einer Kategorie zusammengefasst sind. Man könnte annehmen, dass Pflanzen von Natur aus unter die Kategorie „Erde" fallen würden. Doch nach den Schriften von Agrippa aus dem 17. Jahrhundert werden verschiedene Pflanzenteile mit verschiedenen Elementen in Verbindung gebracht: die Wurzeln mit der Erde, die Blätter mit dem Wasser, die Blüten mit der Luft und die Samen mit dem Feuer (Ball, 283). Die Dicke der Wurzeln und die Tatsache, dass sie in die Erde eingegraben sind, verbinden sie mit dem Element der Erde. Die Blätter sind mit dem Wasser verbunden, da sie Säfte enthalten. Die Blüten hingegen sind aufgrund ihrer Zartheit mit der Luft verbunden. Und die Samen sind mit dem Feuer verbunden, einem Element, das mit Leidenschaft und Fortpflanzung assoziiert wird, da sich die Blumen auf diese Weise verbreiten und vermehren.

Je nach dem Gebiet, in dem eine Wicca lebt, hat sie unterschiedlichen Zugang zu verschiedenen Pflanzen. Hier sind einige der am häufigsten verwendeten Pflanzen und ihre magischen Eigenschaften:

Akazie

Akazie ist auch als Gummi arabicum oder arabisches Gummi bekannt und wird mit Geld, platonischer Liebe, spiritueller und psychischer Weiterentwicklung und Schutz in Verbindung gebracht. Sie kann auf viele verschiedene Arten verwendet werden, auch als Räucherwerk. Weissagende Hexen oder solche, die sich auf Wahrsagerei spezialisiert haben, verwenden Akazie, um einen meditativen Zustand zu erreichen, der es ihnen ermöglicht, Omen und Botschaften klarer zu deuten. Die schützenden Elemente dieses Baumes machen ihn hilfreich bei der Aufbewahrung von Ritualwerkzeugen, um sicherzustellen, dass diese nicht von jemandem beschädigt oder gestohlen werden. Aus den Blättern wird auch ein Öl zubereitet, mit dem Räuchergefäße und Kerzen gesalbt werden, um ihre spirituellen und übersinnlichen Fähigkeiten zu stärken und sie zu schützen.

Augentrost

Ein weiteres Kraut, das mit Wahrsagerei und Hellsichtigkeit in Verbindung gebracht wird, ist Augentrost. Diese Pflanze wird zur Herstellung eines Augenwassers verwendet, das die Fähigkeit einer Hexe zur Telepathie fördern soll. Für die Herstellung dieses Augenwassers benötigen Sie etwa zwei Handvoll Augentrost, eine hitzebeständige Schüssel, eine Flasche und kochendes Wasser. Befolgen Sie diese Schritte, um Ihr Augenwasser herzustellen:

1. Kräuter in eine Schüssel mit kochendem Wasser geben.
2. Rühren Sie die Mischung um, bis die Kräuter bedeckt sind, und lassen Sie sie mindestens zehn Minuten lang ziehen. Je länger Sie sie ziehen lassen, desto kräftiger wird die Mischung.
3. Wenn Sie sich dafür entschieden haben, ist dies der Zeitpunkt, einen Geist oder eine Gottheit anzurufen.
4. Sobald das Wasser abgekühlt ist, füllen Sie es in eine Flasche.
5. Zur Anwendung spülen Sie Ihre Augen mit der Spülung aus und führen die gewünschten Rituale durch.

Beifuß

Traumkissen und Räucherstäbchen, die der Weissagung dienen sollten, enthielten in der Regel Beifuß, ein Kraut, von dem man glaubte, dass es bei der Prophezeiung helfen würde. Aufgrund seiner Potenz und Kraft wurde es jedoch mit Vorsicht verwendet, sodass es als Aufguss nur sparsam eingesetzt wurde.

Bergamotte

Bergamotte ist eine Pflanze, die traditionell bei Ritualen verbrannt wird, um den Erfolg zu fördern. Bergamotte wurde verbrannt, da man glaubte, dass dies die Kraft der Pflanze verstärkt. Im Gegensatz dazu ist sie in zerkleinerter Form in einem Zaubertrank zu verwenden. Der Aspekt des Verbrennens und die Kraft der Bergamotte kann mit der modernen Aromatherapie in Verbindung gebracht werden, da durch das Verbrennen ihr Duft freigesetzt wird, was ihre Wirkung noch verstärkt. Diese Pflanze wird mit Geld, Wohlstand, Verbesserung des Gedächtnisses, Förderung eines besseren Schlafs, Stoppen von Beeinflussung sowie Schutz vor Krankheiten und dem Bösen in Verbindung gebracht. Man kann ein wenig Bergamotte neben dem Bett verbrennen, um besser schlafen zu können. Ein besserer Schlaf verbessert nachweislich auch das Gedächtnis. Wenn Sie keinen Zugang zu frischer Bergamotte haben, können Sie mit ätherischem Öl einige der Vorteile nutzen, die dieser Pflanze zugeschrieben werden.

Beeren

Eine Vielzahl von Beeren wird in der Naturmagie bei Ritualen verwendet, aber ihre Hauptverwendung liegt nicht in ihren magischen Fähigkeiten. Stattdessen wurde sie als Opfergabe für Götter, Göttinnen und Geister hinterlassen. Erdbeeren werden vor allem wegen ihrer leuchtenden Farbe verwendet. Wie reif und leuchtend eine Beere war, bestimmte den Reichtum der Ernte, und die schönsten Beeren wurden als Opfergabe dargebracht. Die Götter, Göttinnen und Geister mit Früchten zu beschwichtigen, half, den Schutz und die Fruchtbarkeit des Landes zu sichern.

Eisenkraut

Das Eisenkraut wird auch als Zauberkraut bezeichnet und vor allem zum Schutz vor negativer Energie und bösem Zauber sowie zur Reinigung von heiligen Orten und Gegenständen wie Häusern, Tempeln, Altären und Werkzeugen verwendet. Dieses Kraut wurde bereits in der Antike von Ägyptern, Griechen und Römern wegen seiner magischen Eigenschaften verwendetet.

Frauenmantel

Die Alchemie ist eine der Naturwissenschaften, die in der Naturmagie verwendet werden, und Frauenmantel war eines der Kräuter, die in der Alchemie verwendet wurden. Man glaubte, dass die durchsichtigen Flüssigkeitsperlen, die sich über Nacht auf den Blättern dieses Krautes ansammeln, zur Herstellung des Steins der Weisen verwendet werden können, weil die Flüssigkeit die magischen Eigenschaften des Krauts in konzentrierter Form enthält. Ebenso glaubte man, dass dieser Stein heilende Eigenschaften hat, die das Leben verlängern, Krankheiten heilen und Metalle in Gold verwandeln können. Hexen, die sich der Naturmagie bedienten, konnten versuchen, den Stein der Weisen herzustellen.

Glockenblumen

Glockenblumen wurden aus vielen Gründen verwendet, aber einer der häufigsten war, um festzustellen, wie stark die Welt psychisch verschmutzt ist. Man glaubte, dass die Glockenblumen verschwinden würden, wenn die Welt immer mehr verschmutzt wird. Es war jedoch bekannt, dass Glockenblumen mit Hexen in Verbindung stehen, und die Menschen pflanzten sie nicht mehr an, insbesondere nicht während der Hexenverfolgung. Traditionell heißt es, dass Hexen die Glocken läuten hören konnten, wenn sie Besuch bekamen, weshalb Glockenblumen in der Nähe der Haustür gepflanzt wurden.

Ingwer

Die Ingwerwurzel wird in der Regel getrocknet und zu einem Pulver gemahlen, das in Zaubersprüchen und Ritualen verwendet wird. Die Pflanze ist aromatisch und wird verwendet, um Rituale und Zaubersprüche aufzupeppen und schnellere Ergebnisse zu erzielen. Man glaubte, dass Ingwer in Speisen, die den Göttern geopfert wurden, die Wirkung schneller und stärker entfalten würde.

Tollkirsche

Giftige Pflanzen werden auch in der Naturmagie verwendet, und die Tollkirsche ist eine der am häufigsten verwendeten dieser Pflanzen. In der Antike wurde sie als Präparat für Narkosemittel und Gifte verwendet. In der Hexerei wird die Tollkirsche in Tierfett eingeweicht, um eine Creme herzustellen, die die Astralprojektion fördern soll. Astralprojektionen konnten dazu dienen, Botschaften der Götter zu entschlüsseln. Heutzutage wird diese Art von Präparat nicht mehr verwendet, da die Astralprojektionen, die Hexen angeblich hatten, heute als durch die Tollkirsche verursachte Halluzinationen bekannt sind.

Kristalle und Steine

Wie bei den Pflanzen sind auch nicht alle Kristalle und Steine mit der Erde verbunden. Verschiedene Arten von Kristallen und Steinen entsprechen verschiedenen Elementen, sodass es bei der Planung von Zaubern oder Ritualen wichtig ist, zu wissen, welcher

Heilstein welchem Element zugeordnet ist. Schauen wir uns die einzelnen Elemente an, und die Steine, die mit ihnen verbunden sind:

- **Luft:** Klare Steine und Kristalle. Gelb gefärbte Steine sind in Ordnung, aber sie sollten so klar wie möglich sein. Quarz wird sehr häufig verwendet. Unvollkommenheiten im Stein spielen keine Rolle. Da diese Heilsteine mit Luft assoziiert werden, werden Unvollkommenheiten oder Fehler oft mit Wolken am Himmel verglichen.
- **Feuer:** Steine und Kristalle, die mit Feuer assoziiert werden, haben typischerweise Farben wie Orange, Rot und Schwarz. Die Heilsteine, die mit Vulkanen verbunden sind, stehen für das Feuer, das aus dem Inneren der Erde stammt.
- **Wasser:** Für das Wasser sind blaugrüne und blaue Steine und Kristalle zu verwenden. Auch weiße oder graue Kieselsteine, die in der Nähe von Wasser gefunden werden, können verwendet werden. Diese Steine und Kristalle müssen nicht poliert werden. Darüber hinaus können auch Salzkristalle oder sandgestrahltes Glas verwendet werden.
- **Erde:** Grüne und braune Kristalle und Steine werden empfohlen. Da alle Steine und Kristalle Produkte der Erde sind, sollten Sie darauf achten, dass Sie diese Steine als für die Erde bestimmt kennzeichnen.
- **Geist:** Violette Steine und Kristalle, wie der Amethyst, werden oft verwendet, um das fünfte Element darzustellen. Der Amethyst gilt als einer der besten Heilsteine, weil er ein Sender und Empfänger von spiritueller und psychischer Energie ist.

Um Steine und Kristalle für die Naturmagie zu verwenden, müssen Sie einige Dinge verstehen und wissen. Steine und Kristalle haben eine Art, zu Hexen zu sprechen und ihre Aufmerksamkeit zu erregen. Vielleicht fühlen Sie sich aber auch nur wegen ihrer Form oder ihres Aussehens zu ihnen hingezogen. Aber als Wicca müssen Sie Ihrer Intuition vertrauen und darauf achten, welche Steine und Kristalle Sie rufen. Achten Sie bei der Auswahl eines geeigneten Steins oder Kristalls darauf, dass Sie ihn bequem in der Hand halten können und er in Ihre Tasche passt. Wenn Sie die perfekten Steine oder Kristalle für Ihre Bedürfnisse gefunden haben, müssen Sie ihre Geschichte kennenlernen und wissen, wie Sie sie richtig einsetzen. Verschiedene Steine und Kristalle haben unterschiedliche Verwendungszwecke; es liegt an Ihnen, diese herauszufinden.

Zunächst müssen Sie sich überlegen, wie der Stein oder Kristall in Ihren Besitz gelangt ist. Fragen Sie sich, was er gewesen sein könnte, bevor Sie ihn in die Hand nahmen. War er einst größer und ist im Laufe der Zeit verwittert, oder wurde er von einem größeren Stück abgebrochen? Was hat der Stein oder Kristall erlebt, um zu Ihnen gelangen zu können? Wenn Sie über diese Fragen nachdenken, benutzen Sie zunächst Ihre Vorstellungskraft. Sie werden jedoch bald feststellen, dass der Stein oder Kristall Ihnen Informationen geben und Ihnen seine Geschichte erzählen wird, je mehr Ihre Beziehung zu ihm wächst. Die Reise Ihres Heilsteins kann Ihnen helfen, den Weg durch Ihr eigenes Leben zu finden.

Nachdem Sie seine Geschichte entdeckt haben, ist es an der Zeit, zu überlegen, wie und warum Sie sich mit ihm verbunden fühlen. Kristalle und Steine sind voller Energie. Sie waren einst ein gasförmiges Material, das von energetischen Kräften in Form gepresst wurde. Die Kräfte und die Energie in den Kristallen und Steinen können Schwingungen aussenden, die Sie ansprechen und eine Verbindung herstellen.

Steine und Kristalle können für die Anwender von großem Nutzen sein. Diesen Nutzen zu kennen, ist der beste Weg, um sicherzustellen, dass Ihre Heilsteine perfekt für die Naturmagie geeignet sind, die Sie anwenden wollen. Hier sind einige der Nutzen, die Sie aus Ihren Steinen und Kristallen ziehen können:

- **Kann als Energiespender verwendet werden:** Der Aufbau einer Beziehung zu einem Kristall oder Heilstein kann als geistiges und körperliches Stimulans wirken. Wenn man sich erschöpft, niedergeschlagen oder unkonzentriert fühlt, kann das Reiben des Steins das Gefühl der Stabilität zurückbringen und unterbrochene Verbindungen erneuern, sodass man die Energien dieser Verbindungen wieder nutzen kann.

- **Kann Ihnen helfen, sich zu erden:** Ihr Stein oder Kristall kann als Fundament für Ihren Weg dienen. Er kann Ihnen helfen, sich zu erden und Sie dabei unterstützen, Ihre Ziele effektiv zu verfolgen. Ebenso wird er Sie immer daran erinnern, dass wir alle von der gleichen Erde abstammen, wofür wir dankbar sein sollten.

- **Kann Sie mit der ewigen Weisheit verbinden:** Wir erkennen nicht immer, wie viel Zeit und unsichtbare Kräfte in die Entstehung von Steinen und Kristallen fließen. Aber bis ein Heilstein zu Ihnen gelangt, kann es einige Zeit dauern – auf ähnliche Weise wie auch wir auf der Erde existieren, weil zahlreiche Entscheidungen und verborgene Kräfte zusammengekommen sind.

- **Schützt Sie vor Schaden:** Herausforderungen, denen man ausgesetzt ist, kommen im Leben eines jeden Menschen vor, und Ihr Heilstein kann Ihnen helfen, diese zu bewältigen. Er kann Sie daran erinnern, dass Sie die Kraft haben, die Stürme zu überstehen, denen Sie ausgesetzt sind, und sich gegen Widrigkeiten zu behaupten. Vielen Heilsteinen wird nachgesagt, dass sie auch vor dem Bösen schützen können.

- **Kann als Meditationshilfe verwendet werden:** Ihr Stein oder Kristall kann Ihnen helfen, einen friedlichen Geisteszustand zu erreichen und Sie während der Meditation unterstützen.

- **Kann Sie daran erinnern, dass Sie ein Teil eines größeren Ganzen sind:** Ihr Kristall oder Stein ist ein winziger Teil eines größeren Ganzen. Ganz gleich, woher er stammt, er war einst Teil eines größeren Ganzen, so wie auch Sie es sind. Sie sind ein Teil Ihres Covens oder ein Teil Ihrer Familie. Sie sind ein Teil der Welt an sich. Sie können Ihren Stein oder Kristall auch zu einem Träger Ihrer Wünsche und Träume machen, und ihn dafür nutzen, darüber nachzudenken, was Sie sich vom Leben wünschen.

Hier sind einige gängige Heilsteine und ihre bekannten Eigenschaften:

- **Bergkristall** hilft, die Energie auszugleichen und zu verstärken sowie die Konzentration und das Gedächtnis zu fördern.
- **Rosenquarz** hilft, Beziehungen zu verbessern, Vertrauen und Harmonie in Beziehungen wiederherzustellen, Ruhe und Trost zu spenden und Respekt, Liebe, Glauben und Selbstwertgefühl zu fördern.
- **Obsidian** hilft bei der Beseitigung emotionaler Blockaden, unterstützt bei der Suche nach dem eigenen wahren Selbst und fördert Mitgefühl, Stärke und Klarheit.
- **Jaspis** stärkt den Geist, schützt vor Negativität, fördert schnelles Denken, Zuversicht und Mut und unterstützt Sie in Zeiten von Stress.
- **Citrin** fördert Wärme, Optimismus, Motivation und Klarheit, regt die Kreativität an, unterstützt die Konzentration und hilft, negative Gefühle loszulassen.
- **Amethyst** hilft, negative Gedanken loszuwerden, fördert gesunde Entscheidungen und Willenskraft, unterstützt den Schlaf und sorgt für Gelassenheit, spirituelle Weisheit und Demut.

- **Türkis** hilft, Emotionen auszugleichen, unterstützt die spirituelle Erdung und bringt Ihnen Glück.
- **Heliotrop** regt den Energie- und Ideenkreislauf an, fördert Kreativität, Idealismus und Selbstlosigkeit und reduziert Aggressivität, Ungeduld und Reizbarkeit.
- **Rubin** stellt Energie und Vitalität wieder her, unterstützt bei intellektuellen Herausforderungen, hilft bei der Wahrheitsfindung, bringt Selbsterkenntnis und fördert Sinnlichkeit und Sexualität.

Einen Kreis mit Steinen bzw. Kristallen vorbereiten

Später in diesem Buch werden wir besprechen, wie man magische Kreise vorbereitet, aber eine der vielen Möglichkeiten besteht in der Verwendung von Steinen und Kristallen. Die verschiedenen Steine und die Elemente, die sie repräsentieren, sollten dabei in der richtigen spirituellen Richtung angeordnet werden. Hier sind einige Beispiele für Kristalle, die Sie für Ihre magischen Kreise verwenden können:

- **Norden:** Smaragd, Olivin, Salz, Moosachat und schwarzer Turmalin,
- **Osten:** Königstopas, Bimsstein, Citrin und Glimmer,
- **Süden:** Obsidian, Rubin, Granat, Lava, Bernstein und Rhodochrosit,
- **Westen:** Chalzedon, Lapislazuli, Jade, Sugilith, Aquamarin und Mondstein.

Je nach Größe des Kreises legen Sie diesen mit 7, 9, 21 oder 40 Steinen, beginnend und endend an einem nach Norden ausgerichteten Punkt. Die Anzahl der Steine ist von Bedeutung, weil sie dazu dient, Ihre Kraft zu verstärken. Manche verwenden auch Bänder oder Schnüre für ihren Kreis, an denen die Steine innen oder außen angebracht werden können. Auch der Zweck des Rituals spielt eine Rolle bei der Ausrichtung der Kristalle bzw.

Steine. Bei Ritualen, durch die Ihre Kraft nach außen gesendet werden soll, sind die Spitzen Ihrer Steine und Kristalle nach außen gerichtet, bei schützenden Ritualen sind die Spitzen nach innen gerichtet.

Naturmagie kann mächtig sein, aber sie kann auch nährend sein und Ihnen erlauben, sich mit sich selbst und der Natur auf einer Ebene zu verbinden, die Sie nicht für möglich gehalten hätten. Vielen Menschen ist nicht bewusst, wie viel Kraft in der Erde steckt, weil sie sich ihr nicht öffnen. Im nächsten Kapitel werden wir die zweite Art von Magie besprechen, die Sie praktizieren können: die zeremonielle Magie.

10

Zeremonielle Magie

Wenn jemand sagt, er praktiziert zeremonielle Magie, könnte das bedeuten, dass er eine Vielzahl verschiedener Magien anwendet, denn es ist ein umfassender Begriff, der sich auf verschiedene Rituale und Techniken beziehen kann. Traditionell erfordert diese Magie, dass der Praktizierende Zubehör verwendet, das seine Magie unterstützt. Wie die Naturmagie wird zeremonielle Magie seit Jahrhunderten angewandt, und es wird angenommen, dass sie in der Renaissance entstanden ist. Dennoch gibt es Unterschiede, denn die zeremonielle Magie erfordert sowohl natürliche als auch externe Elemente. Zeremonielle Magie wird auch verwendet, um Götter und Geister zu beschwören. Im Laufe dieses Kapitels werden wir die zahlreichen Bestandteile der zeremoniellen Magie, die Techniken und die Geister, die beschworen werden können, besprechen.

Bestandteile der zeremoniellen Magie

Die Komponenten, die in der Naturmagie verwendet werden, basieren alle auf der Natur, einschließlich der Elemente, Pflanzen, Kristalle und Steine. Für die zeremonielle Magie hingegen müssen künstliche Zutaten verwendet werden, die dazu beitragen, die magischen Fähigkeiten des Anwenders zu verstärken. Der Benutzer verwendet vier verschiedene Bestandteile: Grimoires, magische Formeln, magische Waffen und die Vibration von Götternamen.

Grimoires sind Magie-Lehrbücher, die jede Hexe, die zeremonielle Magie anwendet, bei sich trägt. Diese Grimoires enthalten Zaubersprüche, Rituale und Anleitungen zur Herstellung von Amuletten und Talismanen, zur Beschwörung von Göttern und Geistern und zur korrekten Ausführung von Zaubern. Bestimmte Hexen und Coven nehmen an, dass die Grimoires mit magischen Fähigkeiten ausgestattet sind. Coven und einzelne Hexen verwenden Grimoires jedoch unterschiedlich. Oft wird ein einzelnes Grimoire von der Leiterin eines Covens aufbewahrt. Oder diese Leiterin schenkt es einer Hexe, wenn diese volljährig wird. Alleinstehende Hexen, die Zugang zu einem Grimoire haben, können dagegen selbst entscheiden, was sie damit machen.

Magische Formeln oder „Machtworte" sind einzelne Wörter, denen übernatürliche oder beschwörende Fähigkeiten zugeschrieben werden. Diese Wörter enthalten das nötige Maß an Verständnis und die Prinzipien, die für einen bestimmten Zauber oder ein Ritual notwendig sind. Sie passen oft nicht in den Kontext von Sätzen, doch sie sollen abstrakte Ideen vermitteln. Auch wenn ein einzelnes Wort oder ein einzelner Satz nur wenig Bedeutung haben mag, kann die Zerlegung in einzelne Teile ihm eine viel größere Bedeutung verleihen. Ebenso weisen Buchstabengruppen bei Hexen auf tiefere Sequenzen hin, etwa auf geschichtliche Daten, psychologische Stufen und spirituelle Hierarchien. Für sich genommen sind die magischen Formeln nutzlos, aber mit der Fähigkeit des Benutzers, über ihre Bedeutung zu meditieren und diese zu verinnerlichen, bevor er sie anwendet, werden sie mächtig.

Bei Ritualen und Zaubern kommen handgefertigte magische Waffen zum Einsatz. Diese Waffen helfen dabei, die Magie einer Person zu lenken. Sie können auch den Anwender und seine psychologischen Elemente und metaphysischen Konzepte symbolisieren. Zu den magischen Hilfsmitteln, die Hexen verwenden, gehören Altäre, Zauberstäbe, Pentakel, Schwerter, Dolche, Kronen, Roben und magische Anhänger. Je nach Benutzer kann sich die Bedeutung dieser Utensilien ändern.

Die letzte häufig verwendete Komponente der zeremoniellen Magie ist die Vibration von Götternamen. Die Anrufung von Gottheiten ist in der zeremoniellen Magie sehr verbreitet; dazu verwenden die Anwender eine als „Vibration" bekannte Gesangstechnik. Bei dieser Komponente handelt es sich nicht um ein Werkzeug, sondern um eine Reihe von Schritten, Atem- und Denkmustern. Crowley, ein führender Lehrer der zeremoniellen Magie, beschrieb die richtigen Techniken wie folgt:

Eine körperliche Anleitung mit einzelnen Schritten: Man beginnt im Stehen, atmet durch die Nase ein, während man sich vorstellt, dass der Name der Gottheit mit dem Atem eintritt, anschließend stellt man sich vor, dass dieser Atem durch den ganzen Körper wandert, schließlich tritt man mit dem linken Fuß nach vorn, während man den Körper mit ausgestreckten Armen vorwärts wirft und sich vorstellt, dass der Name beim Sprechen herausspringt, und endet in einer aufrechten Haltung, wobei der rechte Zeigefinger auf die Lippen gelegt wird (Ceremonial magick, 2021).

Viele Wiccas wenden diese Technik in einer vereinfachten Version an, indem sie den Namen des Gottes langsam in einer lang gezogenen Art und Weise aussprechen und die Nasengänge benutzen, um den entsprechenden Klang und das Gefühl von Vibration zu erzeugen.

Zeremonielle magische Rituale

Jede Form der Magie, die ein Wicca anwenden kann, hat verschiedene Techniken und Zwecke. Unterschiedliche Formen können oft miteinander kombiniert werden. Normalerweise verwendet eine Hexe während desselben Rituals verschiedene Arten von Magie. Andere Hexen wiederum kombinieren die verschiedenen Arten, um einen mächtigeren Zauber zu erhalten. Obwohl die folgenden Techniken als „zeremoniell" bezeichnet werden, gibt es auch Versionen, die mit Naturmagie durchgeführt werden können. Es ist wichtig, zu beachten, dass die Art und Weise, wie ein Wicca die folgenden Rituale durchführt, von Praktizierenden zu Praktizierenden unterschiedlich sein kann. Es gibt keine Vorschriften dazu, wie man sie praktiziert.

Bannrituale

Bannrituale werden durchgeführt, um böse, oft unsichtbare Kräfte zu vertreiben, die eine Bedrohung für die Wiccas darstellen. Oft werden Bannrituale bei Festen zum Schutz vor Feen und Kobolden durchgeführt. Erinnern Sie sich noch daran, dass wir über Feen sprachen, die menschliche Babys stehlen, und über Geister, die in die Welt der Sterblichen eindringen, um sich zu rächen? In solchen Situationen werden neben Schutzzaubern auch Bannzauber verwendet. Bei Sabbaten, Esbaten und anderen heiligen Zusammenkünften werden zu Beginn der Zeremonie viele Bannrituale durchgeführt, die von einfachen bis zu komplexen Praktiken reichen können. Einige stützen sich stark auf Naturmagie und beschwören die Elemente, andere nutzen die Planeten, benachbarte Räume in Astralwelten oder die Tierkreiszeichen. Allerdings sind den Bannritualen Grenzen gesetzt, da sie nicht für einen unendlichen Raum durchgeführt werden können. Stattdessen muss man sich auf einen magischen Kreis oder einen einzelnen Raum beschränken.

Reinigung

Wie die Bannzauber wird auch die Reinigung in der Regel durchgeführt, um sich selbst und den Raum für spirituelle und magische Arbeiten vorzubereiten. In der Antike wurde die Reinigung oft mit mühsamen Methoden durchgeführt, und es konnte ganze Tage,

Wochen, Monate oder sogar ein ganzes Leben lang dauern, die Orte zu reinigen bzw. gereinigt zu halten. Zu diesen Reinigungstechniken gehörten sexuelle Enthaltsamkeit, Fasten, Diäten, übermäßiges Waschen und komplizierte Gebete. Heutzutage werden diese extremen Reinigungspraktiken jedoch nicht mehr angewendet, da sie durch kürzere Praktiken ersetzt wurden. Auch die symbolische Reinigung vor Zeremonien, wie das Waschen des Körpers und das Anlegen frischer Gewänder, wird häufig praktiziert.

Weihe

Die Weihe ist ein Ritual, das für die zeremonielle Magie von entscheidender Bedeutung ist, da es dazu dient, magische Instrumente und Räume einem bestimmten Zweck zu weihen. Wiccas führen Weiherituale an den magischen Gegenständen durch, um ihre Absicht zu demonstrieren und sicherzustellen, dass diese Gegenstände nicht für dunkle Zwecke verwendet werden. Oft werden auch Geister oder Götter angerufen, um die Objekte zu segnen.

Invokation

Die Invokation ist der Akt der Identifizierung und Herbeirufung eines Geistes oder einer Gottheit. Je nachdem, welche Wicca-Praktiken Sie anwenden, gibt es mehrere Gottheiten oder Geister, die Sie anrufen können, die alle unterschiedliche Zwecke haben. Crowley und viele Wiccas glaubten auch an die Fähigkeit, das eigene geheime Selbst oder den heiligen Schutzgeist anzurufen, wodurch man sein wahres Selbst und seinen Willen kennenlernen konnte. Es gibt mehrere Möglichkeiten, eine Gottheit oder einen Geist anzurufen, aber der Magieanwender muss sich in jedem Fall mit dem Geist oder der Gottheit identifizieren, die er zu beschwören versucht. Wenn man sich mit dem Geist oder der Gottheit identifiziert, kann eine Verbindung entstehen, die die Anrufung erleichtert. Die Seelen von Personen, die man kennt, zu beschwören, kann einfacher sein, weil eine physische Verbindung besteht; bei Gottheiten kann es schwieriger sein, weil man sich auf eine geistige Verbindung verlässt, und manchmal wollen Götter nicht antworten. Das Gleiche gilt jedoch auch für manche Geister. Sie wollen vielleicht zunächst nicht antworten.

Es gibt drei Hauptkategorien, in die Invokationen fallen können:

- **Hingabe:** Bei dieser Invokationsmethode identifiziert sich jemand mit dem Geist oder der Gottheit aus einem Zustand der Hingabe und Liebe heraus. Die Anrufenden geben irrelevante und oft illusionäre Teile von sich selbst auf, die sie von der Entfaltung ihres vollen Potenzials abhalten.
- **Schauspiel:** Die Verbindung mit der Gottheit oder dem Geist wird durch Sympathie hergestellt und oft durch Tanz oder Schauspiel beschworen. Diese Invokation kann jedoch kompliziert sein, da sie erfordert, dass der Ausführende sich völlig in seinen Handlungen verliert und den Geist oder die Gottheit verkörpert.
- **Herbeirufen:** Der Praktizierende, der diese Form benutzt, lässt nicht Teile von sich selbst los, sondern ruft seine innersten Wünsche an und verbindet diese mit dem Geist oder einer Gottheit.

Neben den anderen Formen der Invokation ist das Annehmen der Gestalt einer Gottheit oder eines Geistes eine weitere Möglichkeit. Dabei stellt man sich selbst in der Gestalt des Gottes oder Geistes vor, den man anrufen möchte. Jede Gottheit repräsentiert etwas, und der Anwender muss in der Lage sein, dies zu verkörpern. In der Regel stellen sich die Wiccas so auf, dass sie mit der Gottheit oder dem Geist, den sie anrufen wollen, verbunden sind, so, als ob dieser Geist ihren Körper umhüllen würde. Manchmal wird bei dieser Methode auch die Vibration von Götternamen angewendet.

Beschwörung

Invokation und Beschwörung sind, obwohl sie ähnlich erscheinen und ähnliche Aufgaben erfüllen, recht unterschiedlich. Unter Beschwörung versteht man die Anrufung einer Gottheit, eines Geistes oder einer Wesenheit, um deren Anwesenheit, Dienste, Führung oder Wissen zu erbitten. Der Schwerpunkt liegt also darauf, eine Verbindung oder Kommunikation mit der Wesenheit herzustellen und ihre Hilfe oder Erkenntnisse zu erbitten. Bei der Anrufung geht es darum, die Energie, Essenz oder Präsenz einer Gottheit oder eines Geistes in sich selbst oder in einen bestimmten Raum zu ziehen. Ziel ist es dann, sich mit der Energie oder dem Bewusstsein der Wesenheit zu verbinden und mit ihr zu verschmelzen, um Transformation, Führung, Inspiration oder spirituelle Gemeinschaft zu bewirken. Allerdings wenden nicht alle Wiccas beide Praktiken an. Wenn man um Hilfe bittet, werden selten Götter angerufen, sondern meist Geister oder andere Wesenheiten wie Dämonen. Dennoch können Götter zum Zweck der Informationsbeschaffung beschworen werden. Es wird angenommen, dass Wiccas bis zu 72 höllische Geister mit einem Beschwörungsritual herbeirufen können, bei dem oft ein Dreieck gezeichnet wird, um dem Geist oder der Gottheit einen Platz zum Eintreten zu geben.

Eucharistie

Ursprünglich vom Wort „Danksagung" abgeleitet, wird Eucharistie heute von Wiccas und anderen magischen Gemeinschaften verwendet, um die Umwandlung normaler Speisen oder Getränke in heiligere Sakramente zu bezeichnen. Diese heiligen Sakramente werden dann vom Coven oder einer Einzelperson konsumiert. Viele grüne Hexen, Küchen- oder Herdhexen nehmen an eucharistischen Ritualen teil, bei denen sie Speisen und Getränke mit magischen Eigenschaften versehen. Je nach Art des eucharistischen

Rituals ermöglichen die göttlichen Eigenschaften dem Konsumenten unter Umständen, eine Gottheit zu verkörpern.

Divination

Die Divination oder Zeichendeutung dient hauptsächlich dazu, Informationen zu sammeln und Führung durch die Geisterwelt zu erhalten. Es ist wichtig, zu wissen, dass Zeichendeutung und Wahrsagerei unterschiedlich sind. Bei der Wahrsagerei geht es eher darum, die Zukunft vorauszusagen, während es bei der Zeichendeutung eher darum geht, in die Vergangenheit zu schauen und Informationen zu sammeln. Zeichendeutung soll dem Wicca helfen, Einblick in die Entscheidungen zu gewinnen, die er treffen muss. Je nach Art des Wicca oder des Covens, dem man angehört, können viele verschiedene divinatorische Techniken angewandt werden. Zu den Methoden der Divination von westlichen Wiccas und Okkultisten gehören:

- **Astrologie:** Die Nutzung von Divination, um herauszufinden, welchen Einfluss die Himmelskörper haben.
- **Tarot:** Die Verwendung eines Sets mit 78 Karten, von denen jede ihre Bedeutung hat – der Benutzer wählt einige Karten aus und liest eine Botschaft aus ihnen.
- **Bibliomantie:** Das Auswählen und Lesen von zufälligen Passagen aus Büchern, um eine Bedeutung herauszulesen.
- **Geomantie:** Der Praktizierende nimmt zufällige Markierungen auf der Erde oder auf einem Blatt Papier vor, um 16 Muster zu bilden und daraus eine Bedeutung zu erlangen.

Obwohl Divination akzeptiert wird, ist sie aufgrund der Subjektivität der Interpretation eines jeden Praktizierenden nicht unfehlbar.

Zeremonielle Magie, die Elemente und Geister

Es ist bekannt, dass zeremonielle Magie dafür genutzt wird, Geister anzurufen und zu beschwören, oft mithilfe der Elemente, um auf bestimmte Arten von Wesenheiten abzuzielen. Obwohl die zeremonielle Magie den Einsatz der Elemente nicht erfordert, können diese zur Verbesserung der Rituale herangezogen werden. Jedes Element ist mit einem anderen Geist verbunden, und zwar wie folgt:

- **Erdgeister = Gnome:** Diese Geister werden oft angerufen, weil sie ein großes Wissen über die Kraft der Erde und die Orte der Reichtümer haben. Sie werden oft als die Hüter der Schätze der Erde bezeichnet, da sie unter der Erde leben und diese Schätze bewachen. Gnome verkörpern Eigenschaften der Erde und können sich angeblich in Baumstämmen oder im Boden verstecken. Andere Geister, die mit der Erde in Verbindung gebracht werden, sind Heinzelmännchen, Dryaden, Erdgeister, Elfen, Faune und Satyrn.

- **Feuergeist = Salamander:** Von allen vier Elementen gilt das Feuer als das stärkste. Dennoch glauben viele, dass das physische Feuer ohne die Hilfe von Salamandern nicht existieren könnte. Obwohl keine bestimmte Salamanderart dem Feuergeist zugeordnet wurde, weisen viele Darstellungen darauf hin, dass sie etwa einen Fuß groß sind oder einfach klein aussehende leuchtende Kugeln oder „Funken". Es wird angenommen, dass Salamander sich verkleinern oder vergrößern können, sie gelten zudem als böse Kreaturen. Doch wie andere Geister werden auch sie von den Gedanken der Menschen beeinflusst und können gefährlich werden, wenn sie außer Kontrolle geraten.

- **Luftgeister = Sylphen:** Man glaubt, dass diese Geister auf den Gipfeln der Berge leben, sie sind wechselhaft und flüchtig. Sie variieren auch in der Größe und wirken durch die Winde und Gase in ihrem jeweiligen Gebiet. Sie werden oft mit Flügeln dargestellt, können aber auch in menschlicher Gestalt gesehen werden. Sylphen werden damit in Verbindung gebracht, dass sie den Menschen bei ihrer Kreativität helfen, weshalb viele Menschen an hohe und windige Orte gehen, um dort zu arbeiten.

- **Wassergeist = Undinen:** Diese Geister sind dafür bekannt, anmutig und schön zu sein. Sie leben in Ozeanen, Wasserfällen und Seen. Sie kümmern sich um die Pflanzen, die unter der Oberfläche wachsen, und zeigen sich in menschlicher Gestalt, manchmal nackt oder in ein fast durchsichtiges Material gehüllt, das dem Wasser ähnelt. Die Größe der Undinen kann je nach Energielevel variieren. Und obwohl sie sehr emotional sein können, gelten sie auch als freundlich.

Zeremonielle Magie ist wirklich erstaunlich und kann dazu verwendet werden, so viel mehr über die natürliche und die unsichtbare Welt zu erfahren. Sie können dank der zeremoniellen Magie viel mehr über sich selbst und die Welt lernen. Im nächsten Kapitel werden wir die dritte Art von Magie besprechen, die Wiccas praktizieren können: die himmlische Magie.

11

Die himmlische Magie

Zu den drei Arten von Magie, die ein Wicca praktizieren kann, kommt noch die himmlische Magie hinzu. Wie der Name andeutet, hat die himmlische Magie mit dem Göttlichen zu tun. Dennoch kann es schwierig sein, eine konkrete Definition zu geben, denn für jeden Coven oder einzelnen Wicca können himmlische und göttliche Magie unterschiedlich aussehen und verschiedene Bedeutungen haben. Bei der himmlischen Magie geht es darum, die Interaktionen der Götter mit den Sterblichen und der Erde zu verstehen und die Götter anzurufen, in der Hoffnung, irdische Veränderungen zu bewirken. Die Überzeugungen und Methoden, die bei der himmlischen Magie angewandt werden, ändern sich mit der Person, die die Magie ausübt. Sie kann eine der persönlichsten der drei Magien sein, die sich den Werten des Anwenders anpasst. Obwohl sie je nach den Überzeugungen des Ausübenden variiert, gibt es unabhängig von den Überzeugungen und Werten des Wicca einige Konstanten, die wir im Laufe dieses Kapitels besprechen werden.

Konstante 1: Gebet

Die erste Konstante der himmlischen Magie ist die Methode, mit der ein Wicca oder andere Anwender mit den Göttern kommunizieren: das Gebet. Das Gebet ermöglicht eine pseudo-telepathische Verbindung, Synergie oder Emanation zwischen dem Wicca und dem Gott seiner Wahl. Für verschiedene Gottheiten können unterschiedliche Gebete verwendet werden. Oft wird himmlische Magie angewendet, um Führung und Hilfe zu erbitten oder um den Göttern die täglichen Sorgen und Belastungen zu übergeben. Dabei muss man jedoch wissen, mit welcher Gottheit man kommunizieren möchte, da man sich sonst auf eine unheilvolle Gottheit einlassen könnte, die einem nicht weiterhelfen würde. Darüber hinaus wird die himmlische Magie auch bei speziellen Zeremonien eingesetzt, um den angerufenen Geist zu erfreuen und den Praktizierenden vor anderen Kräften zu schützen, die ihm schaden können. Zu den üblichen zeremoniellen Ritualen der himmlischen Magie gehören Reinigung, Opfergaben, Segnungen, Heiligung und Bitten um Gefallen. Allerdings besteht ein hohes Risiko des Scheiterns, wenn man versucht, eine Wesenheit darum zu bitten, etwas zu unterlassen, was den Zorn der Gottheiten mit unvorhersehbaren Folgen nach sich ziehen kann – etwas, das Wiccas nicht riskieren wollen.

Konstante 2: Spiritualität

Der zweite Grundsatz der himmlischen Magie ist die spirituelle Natur des Göttlichen, zu dem die Wiccas beten. Diese Wiccas gelten als himmlisch, weil ihre Gebete an nicht physische Wesen gerichtet sind, die Macht und Wissen über die Erde haben, wie stellare, ätherische, infernalische oder himmlische Wesen. Unter den anderen göttlichen Wesen sind die astralen Gottheiten die einzigen, die zwischen den Sternen leben. Andere Geister, die angerufen werden können, leben unterdessen oft in einem undefinierten Raum oder auf mehreren Ebenen, da sich ihre Bedeutung, ihr Sinn oder ihr Einfluss verschiebt. Wie wir bereits in diesem Buch erfahren haben, wechselt der Gehörnte Gott im Laufe des Jahres seinen Aufenthaltsort, um die verschiedenen Jahreszeiten zu kennzeichnen.

Obwohl Beschwörung und himmlische Magie auf den ersten Blick gleich aussehen, gibt es einen bemerkenswerten Unterschied zwischen diesen beiden Konzepten: die Art des beteiligten Geistes und die Macht des Wicca. Während der Durchführung eines Beschwörungsrituals kontrolliert der Wicca den Geist. Wenn etwas schiefgeht, kann der Wicca die Kontrolle behalten und den Geist dorthin zurückschicken, wo er hergekommen ist. In der himmlischen Magie hingegen darf der Wicca nicht arrogant sein, die Gottheit, mit der er kommuniziert, nicht einschränken oder kontrollieren. Stattdessen müssen Anwender der himmlischen Magie demütig sein, wenn sie um Hilfe oder Führung bitten, denn etwas von einer Gottheit zu verlangen, wird diese nur verärgern.

Konstante 3: Die Funktionsweise der himmlischen Magie

Die dritte Konstante der himmlischen Magie sind die Fertigkeiten und Fähigkeiten, die Wiccas kennen und praktizieren müssen. Eine der wesentlichen Fähigkeiten, die Wiccas benötigen, um himmlische Magie zu praktizieren, ist die göttliche Intervention. Obwohl man nicht davon ausgeht, dass weltliche oder unmenschliche Geister über ein hohes Maß an Intelligenz verfügen, erlauben es die Götter den Praktizierenden der himmlischen Magie, sie um das Erreichen viel größerer Ziele zu bitten als nur um das Erfüllen von einfachen Wünschen. Wenn man die Erledigung von Problemen in die Hände einer Gottheit legt, kann man dafür sorgen, dass diese schneller erledigt werden, und der Wicca muss sich nicht mehr darum kümmern. Je nach Problem können Gottheiten auch sicherstellen, dass sie die Situation im Auge behalten und den Coven beschützen.

Eine weitere Fähigkeit, die Anwender von himmlischer Magie haben, ist das Bitten um Schutz durch Gottheiten. Wenn ein

Wicca das Gefühl hat, dass er in Schwierigkeiten steckt oder sein Coven in großer Gefahr ist, kann er den Schutz einer Gottheit suchen. Viele Gottheiten nutzen die Energien der Welt, um Veränderungen vorzunehmen, um die sie von den Anwendern himmlischer Magie gebeten wurden. Gottheiten können sich auch an die Umstände anpassen, Situationen beobachten und auf der Grundlage des Geschehens Entscheidungen treffen. Es ist jedoch wichtig, sich daran zu erinnern, dass eine Gottheit nicht verpflichtet ist, auf Sie zu hören, und obwohl Ihre Ziele vielleicht erreicht werden, geschieht dies möglicherweise nicht so, wie Sie es sich vorgestellt haben.

Die dritte Fähigkeit, die diese Hexen besitzen, ist die Bezwingung niederer Geister. Nicht alle Wiccas können niedere Geister bezwingen, weshalb Praktizierende himmlischer Magie und ihre Fähigkeiten für einen Coven von großem Wert sein können. Ein solcher Wicca kann eine Gottheit darum bitten, ihm ihre Kraft zu leihen, die ihm helfen kann, Dämonen zu besiegen oder lästige Geister zu vertreiben. Allerdings muss die Gottheit bereit sein, einen Teil ihrer Kraft an den Anwender abzugeben.

Die himmlische Magie kann eine der nützlichsten Kräfte eines Covens sein, wobei der Leiter diese Magie oft einsetzt, um den Zirkel vor Gefahren zu schützen. Die Intelligenz der Gottheiten kann ein großartiges Hilfsmittel sein, da sie viel länger gelebt und viel mehr erlebt haben als der Mensch. Allerdings müssen Anwender vorsichtig sein, denn nicht alle Gottheiten sind freundlich oder bereit zu helfen. Nachdem Sie nun die drei Arten von Magie kennen, die Wiccas anwenden können, ist es an der Zeit, zur fünften und letzten Säule überzugehen: den Ritualen.

Säule 5
Rituale

Rituale sind seit Jahrhunderten Teil der Wicca-Tradition und geben denjenigen, die sie praktizieren, Struktur und Orientierung. In diesem Kapitel werden wir einige der üblichen Bestandteile von Ritualen und verschiedene Arten von Altären, Hilfsmitteln und ritueller Kleidung untersuchen, die bei der Durchführung dieser Zeremonien verwendet werden.

Wir beginnen mit einem Blick auf Altäre – was sie sind, welche Gegenstände man typischerweise auf ihnen findet, wo man sie in einem Raum aufstellen und womit man sie dekorieren sollte. Dann werden wir auch die verschiedenen Utensilien besprechen, die das Arsenal einer Hexe ausmachen, vom Pentakel bis zum Kessel, und wie diese innerhalb eines Rituals funktionieren. Zu guter Letzt werden wir untersuchen, welche Kleidung zu einer Wicca-Zeremonie passt und wie ein Ritual von Anfang bis Ende richtig durchgeführt wird.

Wenn wir all diese Themen durchgegangen sind, werden Sie die reiche Symbolik hinter jeder Komponente der rituellen Arbeit besser verstehen und bereit sein, sie auf Ihrem Weg anzuwenden, egal, ob Sie allein oder mit anderen um Sie herum arbeiten. Lassen Sie uns also in dieses faszinierende Thema eintauchen und mehr über die Rituale der Wiccas erfahren!

12

Altäre

Ein einzelnes Ritual oder ein Zauberspruch besteht aus verschiedenen Komponenten, von denen die erste der Altar ist. Altäre sind ein gemeinsames Element verschiedener Glaubenssysteme, darunter Wicca. Der verwendete Altar kann unterschiedliche Zwecke haben, aber bei den meisten Ritualen gibt es irgendeine Form von Altar. Für Wiccas bildet der Altar hauptsächlich eine physische Struktur, die dazu dient, Gottheiten, Ahnen und andere Geister zu ehren. Doch er ist auch dazu gedacht, das Ritualobjekt zu halten, das verwendet wird. Altäre dienen zudem als Mittelpunkt von Feiern, sodass ein Altar im Zentrum eines der acht Sabbate, Esbate oder einer anderen Feier steht, die ein Wicca möglicherweise veranstaltet. Bei Coven kann dies ein permanenter Altar in der Mitte des Covengeländes sein. Oft gibt es auch kleine Altäre in den Häusern der Hexen, die sie für häusliche Zaubersprüche nutzen. In diesem Kapitel werden wir den typischen Wicca-Altar besprechen und verschiedene Möglichkeiten, wie Sie einen solchen aufstellen können.

Der Wicca-Altar

Das Aussehen und der Standort eines Altars können bei den Wiccas variieren. Altäre, die zu Coven gehören, können sich im Freien, in einem bestimmten Gebäude oder im Haus des Leiters befinden, das für Rituale mit dem gesamten Coven genutzt wird.

Außerdem sind viele Zaubersprüche an bestimmte Orte gebunden, weshalb Wiccas auch kleine Altäre in ihren Häusern haben.

Wie ein Wicca-Altar aussehen kann, hängt auch vom verfügbaren Platz ab. Für allein praktizierende Wiccas mit wenig Platz ist ein Altar ideal, der gleichzeitig für Rituale, Zaubersprüche und regelmäßige Aktivitäten genutzt wird. Oft werden solche Altäre klein gehalten, sodass sie ordentlich verstaut werden können, wenn sie nicht gebraucht werden. Schreibtische und Tische eignen sich am besten für diesen Zweck. Die Form des Altars hängt ganz von persönlichen Vorlieben und den Räumlichkeiten ab. Die meisten Wiccas bevorzugen jedoch die Form eines Kreises, da sie Bewegung zulässt und den heiligen Kreis bei Ritualen nachahmt. Natürliche Materialien wie Holz oder Stein werden auch deshalb gewählt, weil sie den oder die Wicca mit der Natur verbinden können, besonders wenn diejenige Person sonst keinen Zugang dazu hat. So wird für Altäre oft Weiden- und Eichenholz gewählt.

Sie können einen Platz in Ihrem Haus in einen Altar verwandeln, indem Sie Rituale durchführen, die ihn mit magischer Energie erfüllen. Dies ist besonders hilfreich für künftige Zeremonien und Zauber, die Sie vielleicht durchführen möchten. Davon abgesehen sind Holz und andere Naturprodukte zu empfehlen, da die Natur in der Regel mehr Kraft für magische Praktiken besitzt. Je näher Sie der Natur kommen, desto kraftvoller werden die Ergebnisse Ihrer Rituale und Zaubersprüche sein. Wenn Sie jedoch Zugang zu einem natürlichen Gebiet haben, das Ihnen Sicherheit bietet, können Sie auch einen großen Baumstumpf oder einen flachen Felsen als Altar verwenden.

Arten von Altären

Verschiedene Altäre können die Macht Ihrer Rituale und Zaubersprüche beeinflussen. Bei so vielen Möglichkeiten kann die Art des Altars einen Unterschied machen. Allerdings sind Altäre, die mehr natürliche Produkte enthalten, mächtiger als solche, die aus künstlichen Produkten bestehen. Hier sind einige verschiedene Arten von Altären, die Sie aufstellen können, vor allem, wenn Sie keinen Zugang zu natürlichen Räumen haben:

Kastenschrein

Diese Schreine sind relativ klein und können zu Ehren eines einzelnen Gottes, einer Göttin oder einer Gottheit gestaltet werden. Oft werden diese Schreine oder Altäre in Koffern errichtet, was nützlich sein kann, wenn man versucht, eine Verbindung zu einem Ahnen herzustellen, der eine Verbindung zu dem entsprechenden Koffer hat. Allerdings sind nicht alle Koffer aus natürlichem Material gefertigt. Wenn Sie also einen solchen Altar errichten wollen, kann eine Verbindung zu anderen Wiccas, zum Beispiel zu einem Verwandten, dem Altar die nötige Kraft verleihen. Diese Altäre sind auch transportabel, was eine gute Eigenschaft ist, wenn Sie irgendwo hinreisen, um dort Rituale durchzuführen. Und wenn Sie sich mit einem offenen Altar nicht sicher fühlen, wenn Leute zu Besuch kommen, können Sie den Kastenschrein verschließen und außer Sichtweite bringen.

Schrein

Im Gegensatz zu traditionellen Kastenschreinen sind Wicca-Schreine in der Regel in einem speziellen Raum für Rituale und Gebete untergebracht. Es ist ganz Ihnen überlassen, wie komplex Ihr Schrein sein soll, von einfach bis extravagant ist alles möglich. Außerdem kann jeder Schreinaltar als Brennpunkt für die Verehrung eines Gottes, einer Göttin, eines Geistes oder einer Gottheit verwendet werden, egal ob einfach oder aufwendig. Um einen solchen Schrein zu errichten, benötigen Sie Gegenstände, die das verehrte Wesen repräsentieren, entsprechende Hilfsmittel wie Weihrauch oder Blumen und Dekorationen. Blumen oder natürliche Gegenstände können auch ein Stück Natur einbringen, wenn der Schrein aus nicht natürlichem Material wie Plastik gefertigt ist.

Wenn Sie dem Altar oder Schrein weitere Gegenstände hinzufügen, wird er empfänglicher für Magie. Und wenn Sie einen bestimmten Zweck für ein Ritual haben, können Sie Edelsteine, Kräuter und Kerzen hinzufügen. Es gibt oft Anlässe, zu denen Wiccas ihren Altar stärker dekorieren. Zu Samhain, dem Beginn des Wicca-Jahres, wenn der Schleier zwischen der geistigen und der menschlichen Welt am dünnsten ist, schmücken sie ihre Altäre oder Schreine viel aufwendiger, zum Beispiel mit vielen Bildern von verstorbenen Familienmitgliedern. Manche verlegen den Schrein auch in den zentralen Bereich des Hauses, damit die ganze Familie zusammenkommen und feiern kann. Andere wiederum schmücken ihre Altäre nur an Sabbaten oder zu anderen Feierlichkeiten.

Tischaltar

Tischaltäre sind genau das, was sie zu sein scheinen: Sie werden auf der Tischplatte errichtet. Viele Menschen, die Rituale bei sich zu Hause veranstalten, stellen einen temporären Altar auf der Tischplatte in einem großen Raum für die gesamte Gruppe auf. Diese Altäre werden auch oft aufgebaut, wenn jemand einen Schrein hat, der nicht versetzt werden kann, aber die rituelle Feier in einem anderen Raum des Hauses stattfinden soll, der besser geeignet ist.

Ritualaltar

Ritualaltäre sind in der Regel am kompliziertesten zu bauen, da sie für bedeutungsvolle Rituale während Sabbaten und Esbaten gedacht sind. Im Wesentlichen benötigen sie eine Vielzahl von Hilfsmitteln, darunter einen Zauberstab, ein Athame, ein Pentakel, Kerzen, Weihrauch und noch andere Gegenstände. Aufgrund der Tatsache, dass Ritualaltäre in der Regel viel größer sind als normale permanente Altäre, wird mehr Platz benötigt, um alle Elemente richtig anzuordnen.

Arbeitsaltar

Nicht alle Altäre werden für magische Rituale errichtet; einige dienen dazu, Götter oder geliebte Menschen zu ehren. An diesen Altären können Gebete gesprochen werden, aber es dürfen dort keine magischen Praktiken stattfinden. Arbeitsaltäre hingegen sind solche, die für magiebezogene Aufgaben gebaut werden. Auch diese Altäre sollten übersichtlich gehalten werden und nur die notwendigen Gegenstände enthalten, damit die Magie nicht versehentlich woandershin gelenkt wird. Stellen Sie außerdem sicher, dass Sie Ihren Altar entsprechend Ihren Fähigkeiten und den Ritualen und Zaubern, mit denen Sie arbeiten wollen, anpassen. Und denken Sie daran, dass sich Altäre für die tägliche Magiearbeit von denen für Sabbate, Esbate und Feste unterscheiden, da sie einfacher, aber effektiver sind. Festtagsaltäre hingegen erfordern aufgrund der Komplexität ihres Zwecks mehr Elemente.

Hexen können mehrere Altäre haben, die unterschiedlichen Zwecken dienen. Sie können einen für magische Rituale und Zaubersprüche, einen für Gebete und die Ehrung von Gottheiten oder Geistern und einen weiteren für Rituale während Sabbaten und Esbaten haben.

Einen Altar aufstellen

Je nachdem, welche Art von Altar Sie zusammenstellen, gibt es viele Möglichkeiten für dessen Bau. Aber gehen wir davon aus, dass Sie einen Altar auf einem Möbelstück kreieren, das Sie bereits besitzen. Zu Beginn bedecken Sie den Altar mit Stoffen oder Tüchern in verschiedenen Farben. Wenn Sie den Altar für ein Ritual bauen, können Sie dafür passende Farbtöne wählen oder das nehmen, was am einfachsten zu finden ist, wenn der Altar sofort benötigt wird. Viele Menschen wechseln die Stoffe mit den Jahreszeiten, um an den Jahreszyklus zu erinnern. Je nach Ritual können unterschiedliche Textilien verwendet werden. Auch die Dekoration kann sich wie die Stoffe verändern. Letztendlich bleibt es dem Wicca überlassen, wie er den Altar dekoriert. Ein Beispiel für saisonale Dekorationen sind Stechpalmen- und Tannenzweige während des Weihnachtsfestes. Zusätzlich zu den saisonalen oder rituellen Dekorationen können Sie Ihre Lieblingskristalle, Steine, Bilder von Gottheiten oder andere Gegenstände verwenden.

Wenn Sie sich für die Gestaltung Ihres Altars entscheiden, haben Sie viele Möglichkeiten. Einige sind komplizierter, während andere ganz simpel sind – es hängt alles von Ihrem Ritual ab. Im Allgemeinen ist der Altar jedoch in der Mitte geteilt. Die linke Seite steht für die Große Göttin und enthält Gegenstände, die mit ihr und den Elementen Erde und Wasser in Verbindung stehen. Die rechte Seite symbolisiert den Gehörnten Gott und enthält die Gegenstände, die mit ihm und den Elementen Feuer und Luft verbunden sind.

Bei einer anderen Anordnung stehen Objekte, die die Große Göttin und den Gehörnten Gott darstellen sollen, in der Mitte des Altars, und die für das Ritual erforderlichen Gegenstände sind in der Reihenfolge der zugehörigen Elemente angeordnet: Erde im Norden, Luft im Osten, Feuer im Süden und Wasser im Westen.

Manche Wiccas dekorieren ihre Altäre auch eklektisch, das heißt sie dekorieren den Altar intuitiv, indem sie ihrem Bewusstsein erlauben, Muster und Orte zu finden, die zu ihnen sprechen. Aber ob aufwendig oder einfach, wie Sie Ihren Altar gestalten, bleibt ganz Ihnen überlassen. Auch der zur Verfügung stehende Platz spielt eine große Rolle bei der Gestaltung des Altars. Wenn wenig Platz vorhanden ist, sind Ihre Möglichkeiten möglicherweise eingeschränkt.

Wo Sie Ihren Altar aufstellen, bleibt ebenfalls ganz Ihnen überlassen. Wählen Sie den Ort, der sich richtig anfühlt – sei es in Ihrem Haus, draußen oder wo immer Sie sich mit Ihrer Praxis verbunden fühlen. Und wenn Sie ein Grimoire haben, in dem spezifische Anweisungen für den Bau eines Altars für bestimmte Rituale beschrieben sind, können Sie diesen Anweisungen folgen. Sie können aber auch Ihrer Intuition folgen, wenn Ihr Grimoire Ihnen keine weiteren Hinweise gibt. Nachdem Sie Ihren Altar aufgebaut haben, ist es an der Zeit, alle Hilfsmittel zu sammeln, die Sie für Ihre Rituale und Zaubersprüche brauchen.

13

Hilfsmittel

Das Aufstellen des Altars kann als Grundsteinlegung für Ihr Ritual betrachtet werden. Nun ist es an der Zeit, auf diesem Fundament mit verschiedenen Werkzeugen zu bauen. Denken Sie jedoch daran, dass nicht jede Magie magische Utensilien erfordert und nicht alle Hilfsmittel während eines Rituals verwendet werden. Naturmagie verwendet sehr selten künstliche Werkzeuge, sondern verlässt sich auf die Natur. Einige Rituale in der Naturmagie, insbesondere umfangreichere Rituale, die von Covens durchgeführt werden, verwenden Hilfsmittel, um die Magie zu lenken. In der zeremoniellen und himmlischen Magie werden diese dagegen viel häufiger verwendet. Hilfsmittel werden jedoch nicht immer zur Lenkung der Magie verwendet, sondern oft auch, um Götter, Göttinnen oder Gottheiten zu ehren. Hier sind die am häufigsten verwendeten magischen Hilfsmittel und Gegenstände, die von Wiccas verwendet werden:

Pentakel

Ein Pentakel ist ein Weihewerkzeug, das auf einen Altar gestellt wird. In der Regel ist in ein Pentakel ein magisches Symbol oder eine Sigille eingraviert. Obwohl das eingravierte Emblem bei einigen Wicca anders aussehen kann, ist es in der Regel ein Kreis, in dem sich ein Pentagramm befindet. Das Pentakel symbolisiert das

Element Erde und wird häufig zur Beschwörung von Segen und zur Versorgung von Gegenständen mit Energie verwendet.

Pentakel sind die am häufigsten verwendeten Hilfsmittel in fast allen Ritualen oder Zaubern, die ein Wicca durchführen kann. Sie können aus jedem Material hergestellt werden, einschließlich Ton, Holz, Metall oder Wachs. Je natürlicher das Material ist, desto besser, denn es lässt sich dann leichter mit magischen Fähigkeiten durchdringen. In der zeremoniellen Magie dienen Pentakel als schützende Talismane. Die Herstellung eines eigenen Pentakels kann eine ermächtigende Erfahrung sein, die es Ihnen erlaubt, Ihre Magie und Energie auf eine Art und Weise in das Pentakel einfließen zu lassen, wie es mit einem gekauften Pentakel nicht möglich wäre. Aber wenn die Herstellung eines Pentakels nicht infrage kommt, gibt es viele bereits fertige Versionen zu kaufen.

Schwert oder Messer

Rituelle Schwerter oder Messer, bekannt als Athamen, werden in Wicca-Ritualen verwendet, wobei das gardnerische Wicca besonders stark von ihnen abhängig ist, da sie das Element Feuer repräsentieren. Diese zweischneidigen Dolche haben in der Regel einen schwarzen Griff, der manchmal mit Ätzungen verziert ist. Wiccas können ihre Athamen selbst herstellen oder kaufen. Es ist jedoch wichtig, zu wissen, dass sie nur selten zum Schneiden oder zum Leiten von Magie verwendet werden. Und für viele Wiccas gilt die Verwendung eines Athames zur Blutabnahme als Verunreinigung des Werkzeugs, sodass es danach in der Regel zerstört werden muss.

Zauberstab

Zauberstäbe können viele Formen annehmen, wobei einige das Feuer und andere die Luft symbolisieren. Das gardnerische Wicca hält sich jedoch an die letztere Form. Die zur Herstellung von Stäben verwendeten Materialien reichen von Stein und Holz bis hin zu Metall und sogar Kristallen. Um Ihren Zauberstab zusätzlich zu personalisieren, können Sie Runen eingravieren lassen sowie Steine oder Kristalle einbauen, die für Sie von Bedeutung sind. Für Anhänger der Naturmagie können Zauberstäbe ein hilfreiches Instrument zur Verstärkung und Kanalisierung ihrer Energie sein. Diese können durch das Hinzufügen von Edelsteinen zum Zauberstab noch wirksamer gemacht werden. Allerdings eignen sich nicht alle Kristalle für die Einbettung in Stäbe.

Zauberstäbe haben einen doppelten Zweck: Sie lenken Magie und Energie und beschwören Geister. In vielen wiccanischen Traditionen sind diese Methoden austauschbar. Da Feen und andere Elementargeister angeblich Angst vor Eisen und Stahl haben, werden für die Beschwörung im Allgemeinen Stäbe aus natürlichen Materialien bevorzugt. Im Gegensatz dazu werden Stäbe aus Metall zur Beherrschung verwendet. Obwohl Athamen manchmal denselben Zweck erfüllen können, gelten Zauberstäbe als stärker und besser für den Umgang mit Geistern geeignet. Hexen, die sich nicht auf Athamen verlassen, verwenden in der Regel einen Zauberstab für die Beschwörung.

Außerdem bilden Zauberstäbe ein phallisches Symbol, das für männliche Kraft, Potenz und Energie steht. Rituale für den Gehörnten Gott werden oft mit Stäben durchgeführt, um ihn zu ehren. Auch die Anrufung von Gottheiten und die Weihe von Räumen werden mit Stäben durchgeführt.

Kelch

Kelche oder Becher werden verwendet, um das Element Wasser darzustellen. In einigen Traditionen wird der Kelch nicht als Hilfsmittel, sondern als Darstellung des Schoßes der Dreifachen Göttin verwendet. Aber auch bei Ritualen, die sich nicht ausschließlich auf die Dreifache Göttin beziehen, ist ein Kelch oder Kessel in der Regel vorhanden, um die weibliche Energie zu symbolisieren und einen Schoß darzustellen. Auch bei symbolischer Durchführung des Großen Ritus stehen Kelche und Athamen für die Weiblichkeit. Einige beliebte Materialien für diese Gegenstände sind Zinn und Silber.

Boline

Bolinen sind eine weitere Art von Messer, die bei Ritualen verwendet werden können. Diese Messer haben traditionell einen weißen Griff und eine gebogene Klinge in Form einer Mondsichel. Im Gegensatz zum Athame haben Bolinen einen praktischen Nutzen, zum Beispiel zum Ernten und Schneiden von Kräutern, zum Beschriften von Kerzen mit Sigillen oder Symbolen und zum Schneiden von Ritualschnüren. Auch wenn diese Werkzeuge nicht während des eigentlichen Rituals verwendet werden, dienen sie der körperlichen Vorbereitung. Außerdem repräsentieren sie zwei verschiedene Bereiche: die menschliche und die spirituelle Ebene. Für die physische Ebene werden Bolinen verwendet, während Athamen für die spirituelle Ebene bestimmt sind.

Räuchergefäß und Räucherwerk

Das Verbrennen von Weihrauch ist eine gängige Praxis, um eine beruhigende Atmosphäre zu schaffen, insbesondere bei religiösen Zeremonien. Verschiedene Düfte können die Götter, Göttinnen und Gottheiten heraufbeschwören, die mit verschiedenen Jahreszeiten verbunden sind. Darüber hinaus sind Räuchergefäße Behälter, die den Weihrauch enthalten und ihn während des Gebets abgeben.

Besen

Besen werden verwendet, um zeremonielle Räume zu reinigen, bevor ein Ritual durchgeführt wird. Durch das Fegen entfernt der Wicca, der diese Aufgabe übernimmt, die negative Energie. Vor einem Ritual ist es also wichtig, negative Energien zu beseitigen, die sonst das Ergebnis beeinflussen könnten. Dieses reinigende Hilfsmittel ist mit dem Element Wasser verbunden. Besen sind wie Zauberstäbe Phallussymbole, die häufig in Fruchtbarkeitstänzen verwendet werden. Bei Handfasting-Zeremonien springt das Paar als Teil des Rituals auch über einen Besen.

Kessel

Wenn man an Hexen denkt, sind zwei der ersten Bilder, die einem in den Sinn kommen, die eines Besens und eines Zauberstabs. Das dritte Bild, das gemeinhin mit Hexen assoziiert wird, ist das eines Kessels, der anstelle eines Kelches verwendet werden kann, insbesondere bei weiblich orientierten Ritualen. Kessel gelten als weiblich und stehen symbolisch für Wasser, weshalb sie ein wesentlicher Bestandteil vieler Rituale sind und oft mit Flüssigkeit gefüllt auf einem Altar stehen. Außerdem haben Kessel Bedeutung für die Ehrung der Großen Göttin in weiblich orientierten Riten. In der keltischen Mythologie und Tradition werden Kessel mit der Göttin Cerridwen in Verbindung gebracht, die über prophetische Fähigkeiten verfügt und als Hüterin von Inspiration und Wissen in der Unterwelt residiert.

Kessel haben zahlreiche magische Verwendungszwecke, darunter das Verbrennen von Opfergaben, Weihrauch und Kerzen, das

Mischen von Kräutern, die Darstellung der Dreifachen Göttin oder anderer Göttinnen und die Verwendung für das Wahrsagen bei Mondlicht, wenn sie mit Wasser gefüllt sind. Die Verwendung eines Kessels zu kulinarischen Zwecken wird nicht empfohlen, da Kessel hauptsächlich für die Ausübung von Magie gedacht sind. Anstatt damit zu kochen, ist ein Kessel besser für Rituale und Zauber geeignet. Wenn Sie jedoch Speisen in einem Kessel zubereiten wollen, sollten Sie einen Kessel für magische Zwecke und einen für Speisen haben. Oft besitzen Küchenhexen mehrere Kessel, aber es ist wichtig, daran zu denken, dass gusseiserne Kessel, die zum Kochen bestimmt sind, angemessen eingebrannt sein müssen.

Speer oder Stab

In der Seax-Wicca-Tradition wird ein Speer verwendet, um den Gott Wotan darzustellen, der den Platz des Gehörnten Gottes einnimmt. Speere können auf unterschiedliche Weise benutzt werden, nicht alle Wicca verwenden überhaupt einen Speer. Der Stab hingegen wird häufiger in wiccanische Praktiken einbezogen. Zwar ist der Stab für Wiccas nicht unerlässlich, doch viele verwenden ihn, um ihre Autorität und Macht zu symbolisieren. Männer werden oft durch Stäbe repräsentiert, wobei sich die Darstellungen je nach Kultur oft in den Details unterscheiden. In einigen Kulturen stehen Stäbe für Luft, in anderen für Feuer. In einem Coven trägt der Hohepriester oder die -priesterin einen Stab als physische Verkörperung ihrer Macht.

Glocke

Dem Volksglauben zufolge sollen intensive Geräusche wie Glockenläuten böse Geister abwehren. Um böse Geister fernzuhalten, hängten Hexen daher oft Glocken an ihren Häusern auf und benutzten sie bei Ritualen im Freien. Insbesondere hofften die Hexen, durch das Läuten der Glocken während der Zeremonien im Freien bösartige Wesen zu vertreiben. Auch werden die von den Glocken verursachten Schwingungen oft als Kraftquelle angesehen. Neben Glocken kann man auch eine rituelle Rassel, ein Sistrum oder eine Klangschale verwenden. Die Klänge dieser Instrumente sorgen bei Zeremonien ebenso für Harmonie.

Kerzen

Kerzen sind ein beliebtes Hilfsmittel für Hexen, da sie das Element Feuer repräsentieren. Sie können geschnitzt und als Figuren gegossen werden, um Göttern oder Göttinnen Ehre zu erweisen. Obwohl sie manchmal in Ritualen verwendet werden, kommen sie am häufigsten beim Zaubern zum Einsatz, denn es heißt, dass sich die Energie eines Menschen in ihnen konzentriert. Und wenn sie angezündet werden, wird diese gespeicherte Energie in Verbindung mit Magie freigesetzt, wenn die Kerze abbrennt.

Viele Wiccas ziehen es vor, ihre Kerzen für Rituale und Zauberei selbst herzustellen, da sie glauben, dass dies ihre magische Kraft erhöht. Außerdem kann das Herstellen einer Kerze sowohl eine spirituelle als auch eine stärkende Erfahrung sein, da sie ihre Energie, ihre magischen Fähigkeiten und ihre Absichten bei der Herstellung einfließen lassen können. Andere Wiccas glauben jedoch, dass es keinen Unterschied macht, ob sie die Kerze selbst hergestellt haben oder nicht; es ist die Absicht hinter dem Abbrennen einer Kerze, die ihr mehr Kraft verleiht. Bei Ritualen und Zeremonien werden im Laufe des Jahres oft verschiedene Farben und Düfte verwendet, die jeweils eine besondere Bedeutung und einen besonderen Zweck haben.

Edelsteine

Wie wir in den vorangegangenen Kapiteln dieses Buches gelernt haben, ist der Gebrauch von Edelsteinen in den wiccanischen Traditionen sehr verbreitet, unabhängig davon, welcher Art von Wicca-Tradition Sie angehören. In der Naturmagie werden Edelsteine häufig verwendet, aber auch bei anderer Magie werden sie eingesetzt. In den verschiedenen Traditionen werden zudem verschiedene Edelsteine verwendet, und es ist wichtig, zu beachten, welche Sie auswählen, da sie verschiedene Elemente und Eigenschaften repräsentieren. Wenn Sie einen neuen Kristall oder Edelstein auswählen, reinigen Sie ihn, bevor Sie ihn für magische Rituale und Zaubersprüche verwenden.

Hilfsmittel für die Wahrsagerei

Nicht alle Wiccas praktizieren Wahrsagerei. Diejenigen, die es tun, haben jedoch spezielle Hilfsmittel, die ausschließlich für die Hellseherei entwickelt wurden. Es gibt viele verschiedene Utensilien, aber es genügt, nur ein oder zwei Gegenstände zu besitzen. Man braucht diese auch nicht ständig auf dem Altar zu haben. Eines der am häufigsten verwendeten Hilfsmittel zum Wahrsagen sind Tarotkarten.

Denken Sie daran, dass Sie bei einem Ritual nicht alle möglichen Hilfsmittel verwenden müssen und dass nicht alle auf Ihrem Altar liegen müssen. Verwenden Sie nur die notwendigen Hilfsmittel und übertreiben Sie es nicht. Wenn Sie also keine Stäbe für ein Ritual brauchen, gibt es keinen Grund, sie dabei zu haben. Jetzt, da Sie Ihren Altar haben und wissen, was Sie brauchen, ist der nächste Aspekt einer Zeremonie, über den Sie Bescheid wissen müssen, Ihre Ritualkleidung, die wir im nächsten Kapitel besprechen werden.

14

Ritualkleidung

Was ein Wicca bei seinem Ritual trägt, ist allein seine Sache. Allerdings lassen sich viele Traditionen auf die Hexerei-Praktiken zurückführen, die die Praktiken des Wicca inspiriert haben sollen. In den Anfängen des Wicca war es üblich, dass die Ritual-Teilnehmer himmelblaue Kleidung trugen oder sogar nackt waren. Im modernen Wicca werden Rituale jedoch nur noch selten auf diese Weise durchgeführt. Je nachdem, ob Sie einem Coven angehören oder allein praktizieren, tragen Sie möglicherweise unterschiedliche Ritualkleidung. In einem Coven kann für die rituelle Praxis eine spezielle Kleidung erforderlich sein. Wenn Sie jedoch allein praktizieren, ist es Ihre Entscheidung, ob Sie sich an eine Tradition halten. Hier sind einige der am häufigsten getragenen rituellen Kleidungsstücke, die Wiccas verwenden:

Ritualgewänder

Das Anlegen einer Robe ist mehr als nur das Anlegen des physischen Kleidungsstückes; es geht um die Vorbereitung auf das Ritual, das Einbeziehen alter Bräuche und die Verbindung mit denen, die uns vorausgegangen sind. Der Hauptzweck des Tragens von Ritualgewändern besteht darin, sich vom Weltlichen abzugrenzen und die eigene Magie zu verstärken. Viele nehmen ein Reinigungsbad, bevor sie ihre Ritualgewänder anlegen, um

123

sicherzustellen, dass sie so rein wie möglich sind. Traditionell sollte man nichts anderes unter der Wicca-Robe tragen, damit man sich voll und ganz auf das Tragegefühl einlassen kann; dies ist jedoch Ihre Entscheidung.

In einem Coven kann die Farbe der Robe den Rang der Mitglieder innerhalb der Gruppe anzeigen. Das ist jedoch nicht bei allen Coven der Fall. Wenn Sie alleine praktizieren, können Sie auch mehrere Roben in verschiedenen Stilen und Farben für bestimmte Rituale oder zu verschiedenen Jahreszeiten tragen. Zu den Farben, die mit den Jahreszeiten assoziiert werden, gehören Blau (Frühling), Grün (Sommer), Braun (Herbst) und Weiß (Winter). In der Regel entscheiden sich viele Wicca für weiße oder erdige Töne, um mit der Natur zu harmonieren, und meiden Schwarz aufgrund der negativen Symbolik dieser Farbe. Sie müssen sich nicht gezwungen fühlen, sich an die traditionellen saisonalen Stoffe zu halten, aber achten Sie trotzdem auf die Art und die Farbe des Stoffes, den Sie tragen.

Bei der Herstellung oder dem Kauf eines Gewandes ist zu bedenken, dass bei Ritualen Kerzen und Feuer benutzt werden. Aus diesem Grund ist ein Gewand aus Materialien, die kein Feuer fangen können, für die Sicherheit unerlässlich. Das Design Ihres Gewandes kann so kompliziert oder einfach sein, wie Sie es wünschen.

Wiccas, die ihre Roben selbst anfertigen, geben sich besonders viel Mühe, um ihnen Bedeutung zu verleihen, indem sie sie individuell gestalten und mit ihrer Energie und ihren magischen Fähigkeiten füllen. Aber auch für unerfahrene Näherinnen und Näher ist es machbar, ein Gewand zu nähen, denn Schnittmuster gibt es in Geschäften und online. Ein gutes Design finden Sie im Handel unter der Rubrik Kostüme. Historische, besonders Renaissance-Kostüme sind weitere Kategorien, in denen Sie nach Gewändern suchen können. Im Folgenden finden Sie Schnittmuster, die Sie online bekommen können und die sich perfekt für die Anfertigung von Ritualgewändern eignen:

- **Simplicity 4795**: Für diejenigen, die an einem Passionsspiel teilnehmen, ist ein für die Verkleidung als Engel gedachtes Ritualgewand eine ideale Wahl. Auch wenn die Ärmellänge möglicherweise leicht abgeändert werden muss, ist dieses Schnittmuster für Anfänger leicht zu befolgen.
- **Simplicity 3616:** Obwohl es sich um ein kitschiges Zaubererkostüm handelt, eignet sich dieses Gewand perfekt als Ritualgewand für Männer. Achten Sie nur darauf, dass Sie den langen weißen Bart und den Ziergürtel weglassen.
- **Simplicity 3623:** Dies ist ein schottisches Kostüm mit einem männlich wirkenden Unterkleid unter Rock und Mieder und einem unkomplizierten Schnittmuster, das sich gut für ein festliches Gewand eignet.

Diese drei Muster sind alle anfängerfreundlich und einfach. Wenn Sie jedoch ein aufwendigeres Gewand wünschen und eine fortgeschrittene Näherin sind, versuchen Sie das McCall 4490; es ist ein Kleid im Renaissance-Stil, das prima als Ritualgewand verwendet werden kann.

Es ist jedoch nicht notwendig, ein Muster zu kaufen. Sie können es auch ohne machen. Sie benötigen einige wenige Utensilien, darunter eine Nähmaschine, einen Meter Kordel oder leichtes Seil, Maßband, Schere, Garn, den Stoff Ihrer Wahl und Schneiderkreide. Folgen Sie diesen Schritten, um ein Gewand ohne Schnittmuster zu nähen:

1. Lassen Sie sich von einer anderen Person helfen, um Ihre Maße richtig zu nehmen. Strecken Sie Ihre Arme aus und messen Sie die Länge von Handgelenk zu Handgelenk. Schreiben Sie dieses Maß auf und kennzeichnen Sie es mit dem Buchstaben „A".

2. Messen Sie die Länge zwischen Ihrem Nackenansatz und Ihrem Fußknöchel, und notieren Sie das Maß unter dem Buchstaben „B".

3. Falten Sie den Stoff in der Hälfte und schneiden Sie eine T-Form aus, wobei Sie die Maße „A" und „B" verwenden. Schneiden Sie nicht entlang des Falzes.

4. Messen Sie aus, wo sich die Mitte des Maßes „A" befindet, und schneiden Sie ein Loch für Ihren Kopf. Achten Sie darauf, dass dieses nicht zu groß ist, sonst rutscht Ihnen das Gewand von den Schultern.

5. Nähen Sie die Unterseite des Armes zu, lassen Sie dabei das Ende des T's für die Hände offen. Nähen Sie anschließend von der Achselhöhle bis zum Boden. Wenden Sie das Gewand auf rechts und probieren Sie es an, um Anpassungen vorzunehmen.

6. Fügen Sie eine Kordel um die Taille hinzu. Wenn Sie alleine praktizieren, können Sie diese Kordel für sich selbst herstellen. Wenn Sie einem Coven angehören, wird Ihnen diese Kordel bei der Initiation und beim Durchlaufen der verschiedenen Ausbildungsstufen zur Verfügung gestellt.

7. Wenn Sie möchten, können Sie das Gewand mit Verzierungen, Perlen und Mustern versehen, um es persönlicher zu gestalten. Auch magische Symbole können in Roben eingenäht werden.

8. Bevor Sie Ihr Gewand tragen, sollten Sie es reinigen.

Umhänge

Umhänge können selbst hergestellt oder gekauft werden. Da sie den Körper mit lediglich einer Schließe, einem Band oder einem Knopf am Hals nicht ausreichend bedecken, werden sie in den kälteren Monaten meist über einem Gewand getragen. Einige aufwendigere Versionen sind jedoch mit Kapuzen und Ärmeln ausgestattet. Manchmal braucht man jedoch keinen Umhang, wenn das Ritual in geschlossenen Räumen stattfindet.

Weder als Umhang noch als Gewand müssen Sie unbedingt ein teures Stück kaufen. Sie können Kleidungsstücke verwenden, die Sie bereits haben, und sie zu einem Gewand oder Umhang umarbeiten. Wenn Ihre Familie Wicca praktiziert, können Sie deren Umhänge und Gewänder verwenden.

Pentakel

Wir haben im letzten Kapitel über Pentakel gesprochen, weil sie ein im Wicca häufig verwendetes Hilfsmittel sind. Um es noch einmal zu sagen: Pentakel sind ein Weihungswerkzeug und oft werden gesegnete Gegenstände darauf aufgestellt. Wenn sie auf einem Altar platziert werden, sind sie normalerweise aus Stein, Holz, Ton, Metall oder anderen natürlichen Materialien gefertigt. Es gibt verschiedene Möglichkeiten, ein Pentakel zu tragen, zum Beispiel als Schmuck oder in Ihre Kleidung eingenäht.

Wenn Sie Rituale oder Beschwörungen durchführen, kann es für die Gottheiten, die Sie beschwören wollen, wichtig sein, sich als Wicca zu erkennen geben. Das Tragen eines Pentagramms während der Rituale ist eine Möglichkeit, sich als Wicca zu zeigen. Zu bestimmten Zeiten, zum Beispiel zu Samhain, sollten Sie jedoch keine Zeichen tragen, die Sie als Wicca ausweisen, da dies Geister und Feen anzieht, die Ihnen einen Streich spielen wollen.

Andere Schmuckstücke

Es gibt keinen bestimmten Schmuck, den ein Wicca tragen muss; dies ist ein sehr persönlicher Teil der rituellen Kleidung von Wicca. In Covens kann es vorgeschrieben sein, keinen Schmuck zu tragen, sodass sie so nackt wie möglich sind, auch wenn sie eine Robe tragen. Schmuck, der bei Ritualen getragen wird, ist in der Regel magisch und enthält Runen oder Symbole, die für die betreffende Person von Bedeutung sind. Einige Ritual Schmuckstücke können die Kraft des Zaubers und die Fähigkeiten des Wicca verstärken. Jeder Schmuck, der die eigene Energie steigert, kann während einer Zeremonie getragen werden.

Viele Wiccas stellen auch besondere Schmuckstücke mit Edelsteinen her, mit denen sie sich verbunden fühlen, und tragen sie im Alltag und bei Ritualen, um von ihrer Energie zu profitieren. Andere wiederum fertigen Schmuckstücke zu Ehren von Göttern oder Göttinnen an. Aber das ist ein ganz persönlicher Prozess. Wenn Sie Schmuck kaufen, achten Sie beim Auswählen eines Stückes darauf, wie Sie sich fühlen. Wenn Sie zum Beispiel ein Schmuckstück berühren und einen Energieschub spüren, ist das ein Zeichen dafür, dass es zu Ihnen passt und Ihre Energie stärkt.

Insgesamt ist es eine sehr persönliche Frage, was man während eines Rituals trägt, besonders wenn man alleine praktiziert. Obwohl es am besten ist, während der Zeremonien eine Robe zu tragen, gibt es keine strengen Regeln. Abgesehen davon können Sie Ihre Roben, Umhänge und Ihren Schmuck persönlich gestalten und so Ihre Energie verstärken. Wir haben den Altar, die Hilfsmittel und die rituelle Kleidung, die Sie brauchen, besprochen. Nun ist es an der Zeit, die Standardkomponenten eines Wicca-Rituals zu erkunden.

15

Häufige Bestandteile von Wicca-Ritualen

Je nachdem, welche Art von Wicca Sie praktizieren, kann sich die Art und Weise, wie Rituale durchgeführt werden, unterscheiden. Aber die Grundzüge eines Rituals sind unabhängig von der Form von Wicca, die Sie praktizieren, ähnlich. Denken Sie an die himmlische Magie und die Gemeinsamkeiten, die die vielen verschiedenen Arten haben. Das Gleiche gilt für Wicca-Rituale. Es können viele Arten von Zeremonien durchgeführt werden, und in jeder Art von Wicca können diese anders gehandhabt werden. Es gibt verschiedene Arten von Ritualen und Zaubersprüchen, die Wiccas durchführen können – sie haben unterschiedliche Zwecke und Bedeutungen. Wir werden im nächsten Kapitel mehr über die verschiedenen Arten von Ritualen erfahren, aber zunächst wollen wir die wesentlichen Bestandteile aller Wicca-Rituale kennenlernen.

Vorbereitung

Vor dem Beginn eines Zaubers oder Rituals ist eine Vorbereitung erforderlich. Für das Ausführen von Zaubern muss eine Hexe vielleicht ihre Zutaten und Werkzeuge bereithalten. Die Weihe dieser Werkzeuge, Kleidungsstücke und sogar der Wicca selbst ist für ein erfolgreiches Ritual unerlässlich. Wird die Vorbereitung vernachlässigt, kann das negativen Einfluss auf den Erfolg des Rituals und die eigene Fähigkeit, Magie zu wirken, haben.

Der Hauptzweck der Weihe besteht darin, die in der Zeremonie verwendeten Gegenstände zu reinigen und sie von jeglicher dunklen Energie zu befreien, die sich angesammelt haben könnte. Dies ist wichtig, da diese Werkzeuge mit dem Göttlichen interagieren müssen und dunkle Energie die Rituale beeinträchtigen kann. Wie Staub in einem leeren Raum, kann sich unerwünschte Energie im Laufe der Zeit ansammeln, sodass es unerlässlich ist, sie zu beseitigen, bevor ein neues Ritual durchgeführt wird. Aus diesem Grund muss zwischen den Praktiken immer eine Weihe stattfinden.

Obwohl das Weihen von Hilfsmitteln vor einem Ritual optional ist, ist es dennoch eine gute Praxis, die man sich aneignen sollte, besonders wenn man ein gebrauchtes Hilfsmittel benutzt. Durch die Weihe ist es auch möglich, zu erkennen, welche Art von Energien verwendet wurden oder welche Art von Magie mit dem Werkzeug ausgeführt wurde. Bevor Sie ein neues Hilfsmittel benutzen, sollten Sie es ebenfalls einmal reinigen. Danach sollte es ausreichen, gelegentlich eine Weihe durchzuführen, um das Hilfsmittel instand zu halten.

Wie oft Sie Ihre Werkzeuge weihen, bleibt ganz Ihnen überlassen. Es wäre jedoch am besten, dies so oft wie möglich zu tun, um sicherzustellen, dass dunkle Magie oder Energie Ihre Rituale nicht stört. Sie können auch den Raum, in dem sich Ihr Altar und Ihr Werkzeug befinden, reinigen, um die Anzahl der Weihungen zu verringern, die Sie vornehmen müssen.

Praktizierende führen die Weihe möglicherweise auf unterschiedliche Weise durch. Und da es viele Variationen in diesem Prozess gibt, bleibt nur eines gleich: Das Kennenlernen der vier Elemente ist ein wesentlicher Bestandteil des Rituals. Bei der Durchführung einer Weihe gibt es keinen falschen oder richtigen Weg, solange der Gegenstand mit den vier Elementen verbunden ist. Ihre Zeremonie kann also so detailliert oder minimalistisch sein, wie Sie es wünschen. Sobald die vier Elemente das Hilfsmittel gesegnet haben, gilt es als gereinigt.

Für die Weihezeremonie brauchen Sie einen Becher mit Wasser, eine weiße Kerze sowie eine kleine Schale mit Salz und Weihrauch. Jeder dieser Gegenstände steht für eine Richtung und ein Element:

- Salz (Norden und Erde),
- Weihrauch (Osten und Luft),
- Kerze (Süden und Feuer),
- Wasser (Westen und Wasser).

Manche Wiccas ziehen an dieser Stelle vor der Weihe einen Kreis, aber das ist nicht notwendig. Nachdem Sie die Materialien gesammelt und Ihre Hilfsmittel zur Hand haben, können Sie den Kreis ziehen, wenn Sie sich dafür entschieden haben. Legen Sie alle Gegenstände an ihren Platz und zünden Sie die Kerze und das Räucherwerk an. Im Folgenden finden Sie ein Beispiel dafür, wie Sie die Weihe durchführen könnten:

Nehmen Sie das zu weihende Hilfsmittel und beginnen Sie mit dem Blick nach Norden. Bewegen Sie den Gegenstand über das Salz und sagen Sie die folgenden Worte:

„Mächte des Nordens,
Wächter der Erde,
ich weihe diesen Stab aus Weide (oder Messer aus Stahl, Amulett aus Kristall etc.)
und lade ihn mit euren Energien auf.
Ich reinige ihn heute Nacht und mache dieses Hilfsmittel heilig" *(Wigington, 2019a).*

Drehen Sie sich nach Osten, führen Sie den Gegenstand oder das Hilfsmittel durch den Rauch des Weihrauchs und sagen Sie die Worte:

„Mächte des Ostens,
Wächter der Lüfte,
ich weihe diesen Stab aus Weide
und lade ihn mit euren Energien auf.
Ich reinige ihn heute Nacht und mache dieses Hilfsmittel
heilig" (Wigington, 2019a).

Richten Sie sich nach Süden aus und bewegen Sie den Gegenstand über das Feuer. Seien Sie hier besonders vorsichtig, denn viele Gegenstände sind brennbar. Sagen Sie diese Worte, während Sie den Gegenstand über das Feuer halten:

„Mächte des Südens,
Wächter des Feuers,
ich weihe diesen Stab aus Weide
und lade ihn mit euren Energien auf.
Ich reinige ihn heute Nacht und mache dieses Hilfsmittel
heilig" (Wigington, 2019a).

Drehen Sie sich nach Westen, bewegen Sie den Gegenstand über das Wasser und sagen Sie die Worte:

„Mächte des Westens,
Hüter des Wassers,
ich weihe diesen Stab aus Weide
und lade ihn mit euren Energien auf.
Ich reinige ihn heute Nacht und mache dieses Hilfsmittel
heilig" (Wigington, 2019a).

Zuletzt wenden Sie sich dem Altar zu, halten Ihren Gegenstand in den Himmel und sprechen die folgenden Worte:

„Ich lade diesen Stab im Namen der Alten auf,
die Alten, die Sonne, der Mond und die Sterne.
Bei den Kräften der Erde, der Luft, des Feuers und des Wassers
verbanne ich die Energien aller früheren Besitzer
und mache es neu und frisch.
Ich weihe diesen Stab,
und er gehört mir." (Wigington, 2019a).

Eine Dusche vor dem Anziehen des Gewandes ist eine ausgezeichnete Methode, um eine Person zu weihen. Dieses hier abgedruckte Weiheritual ist hauptsächlich als Hilfsmittel gedacht. Die Weihe des Gewandes kann auch auf diese Weise erfolgen, aber vermeiden Sie es, das Gewand zu nahe an das Feuer der Kerze zu bringen.

In einigen Wicca-Traditionen werden kürzlich geweihte Hilfsmittel sofort verwendet, um diese zu binden. Es wird auch angenommen, dass die Verwendung des frisch gereinigten Werkzeugs in einem sofort im Anschluss erfolgenden Ritual seine Kraft erhöht.

Den magischen Kreis ziehen

Je nach Zeremonie und Tradition können Sie vor oder nach der Weihe einen magischen Kreis ziehen. Es gibt keinen richtigen oder falschen Weg, dies zu tun. Magische Kreise werden vor jedem Ritual geschaffen, unabhängig davon, ob Sie einem Coven angehören oder nicht. Auch wenn das Ziehen eines magischen Kreises nicht zwingend ist – es gibt keine festen Regeln, die bei der Hexerei befolgt werden müssen –, kann es jedoch dazu beitragen, die Kraft der Magie zu verstärken und böse Geister und Energien abzuwehren, während man arbeitet.

Genau wie beim Weiheritual gibt es mehrere Möglichkeiten, einen magischen Kreis zu ziehen, die sich je nach den zur Verfügung stehenden Hilfsmitteln und Materialien oder der zur

Verfügung stehenden Zeit ändern können. Für schnelle Rituale brauchen Sie keinen aufwendigen magischen Kreis, sondern nur einen einfachen. Viele Menschen verwenden vier Kerzen, um die Himmelsrichtungen darzustellen, und singen beim Anzünden jeder Kerze. Man könnte auch einen Gegenstand hinzufügen, der die vier Jahreszeiten und Elemente repräsentiert, aber das ist nicht nötig. In dem Beispiel für einen magischen Kreis, das ich Ihnen zeige, werden Sie verschiedenfarbige Kerzen verwenden, die die Elemente symbolisieren.

Um einen magischen Kreis zu bilden, benötigen Sie Folgendes:

- einen Besen,
- eine grüne Kerze als Symbol für den Norden,
- eine gelbe Kerze als Symbol für den Osten,
- eine rote Kerze als Symbol für den Süden,
- eine blaue Kerze als Symbol für den Westen,
- Weihrauch,
- Salz, Tannenzweige oder Blumen,
- eine Schale mit Wasser,
- eine Schale mit Salz.

Reinigen Sie den Bereich, in dem Sie Ihr Ritual durchführen, zunächst mit einem Besen. Auf diese Weise befreien Sie den Raum von jeglicher dunkler Energie, die sich seit dem letzten Ritual angesammelt haben könnte. Sobald Sie den Platz gereinigt haben, ist es an der Zeit, die Kerzen aufzustellen, beginnend im Norden. Stellen Sie die Kerzen im Uhrzeigersinn auf. Wenn Sie eine Form von dunkler Magie durchführen, gehen Sie gegen den Uhrzeigersinn vor.

Je nach Art des Rituals werden Sie die Kerzen entweder innerhalb oder außerhalb des Kreises aufstellen, wie wir in einem früheren Kapitel beschrieben haben. Achten Sie darauf, dass Ihr Altar innerhalb des Kreises steht. Stellen Sie auch eine Schale mit Salz und Wasser auf den Altar. Zünden Sie Weihrauch und Kerzen an, bevor Sie Ihren Zauberstab oder Ihr Athame vom Altar nehmen, die Spitze auf die Schale mit Wasser legen und sagen,

„Ich weihe und säubere dieses Wasser, damit es gereinigt und geeignet ist, im heiligen Kreis zu verweilen.

Im Namen der Muttergöttin und des Vatergottes [oder der Namen bestimmter Gottheiten] weihe ich dieses Wasser" (How to Cast a Wicca Ritual Magick Circle, 2021).

Wenn Sie diese Worte sagen, stellen Sie sich vor, dass Sie die gesamte negative Energie, die im Wasser enthalten sein könnte, beseitigen. Berühren Sie mit der Spitze Ihres Dolches oder Stabes die Schale mit dem Salz und sprechen Sie:

„Ich segne dieses Salz, damit es im heiligen Kreis verweilen kann.

Im Namen der Muttergöttin und des Vatergottes segne ich dieses Salz" (How to Cast a Wicca Ritual Magick Circle, 2021).

Nachdem Sie das Wasser und das Salz gesegnet haben, halten Sie Ihr Athame oder Ihren Stab in Hüfthöhe und gehen langsam im Uhrzeigersinn den Kreis ab. Während Sie den Kreis entlanggehen, laden Sie ihn mit Ihrer magischen Energie auf. Stellen Sie sich vor, dass sich Ihre Energie ausdehnt und eine Kugel bildet, von der eine Hälfte über der Erde und die andere unter der Erde liegt. Denken Sie daran, dass Geister und jenseitige Wesen von überallher erscheinen können, auch von unten. Sprechen Sie diese Worte, während Sie im Kreis herumgehen:

„Hier ist die Grenze des Kreises.
Nichts als die Liebe soll eintreten.

Nichts als Liebe soll aus dem Inneren hervorgehen.
Ladet dies durch eure Kräfte auf, ihr Alten!" (How to Cast a
Wicca Ritual Magick Circle, 2021).

Nehmen Sie das Salz und streuen Sie es kreisförmig aus, beginnend und endend im Norden. Wenn Sie Blumen oder Zweige verwenden, platzieren Sie diese so, dass sie einen Kreis bilden. Wiederholen Sie den Vorgang mit dem Weihrauch und dem Wasser, mit dem Sie den Kreis besprenkeln. Jetzt ist der Kreis versiegelt, aber Sie können seinen Aufbau noch weiter verstärken, wenn Sie möchten.

Der Kreis ist nun geschlossen, und mit den angerufenen Geistern der Elemente wächst Ihre Macht. Sie können jetzt jeden Zauber beziehungsweise jedes Ritual durchführen oder jede Gottheit anrufen, die Sie möchten.

Die vier Wächter anrufen und Gottheiten invozieren

Die Anrufung der Wächter in den vier Himmelsrichtungen hat viele Namen, darunter „die Anrufung der Elemente" oder „die Anrufung der Hüter der Wachtürme". Dieses Ritual kann als Ergänzung zur Beschwörung eines magischen Kreises gesehen werden. Die Anrufung der vier Elemente und der Geister wird verwendet, um die Kraft des magischen Kreises zu verstärken. Die Kontaktaufnahme mit den Wächtern oder die Anrufung von Gottheiten kann ohne eine bestimmte Methode erfolgen. Jedem steht es frei, die sinnvollste und kraftvollste Methode zu wählen; es gibt nicht den einen richtigen Weg. Außerdem braucht man nur ein Athame oder einen Zauberstab, sonst nichts. Wenn Sie möchten, können Sie aber auch einen Gegenstand, der jedem Element zugeordnet ist, in die entsprechende Himmelsrichtung stellen, die durch die Kerzen markiert ist, mit denen Sie den magischen Kreis gezogen haben.

Wenn Sie jeden der Gegenstände in jeder Himmelsrichtung platziert haben, ist es an der Zeit, die Geister zu beschwören. Es gibt zahlreiche Möglichkeiten, sich die Elemente und ihre Geister vorzustellen. Sie können sich die Geisterformen vorstellen, die wir weiter oben in diesem Buch besprochen haben, oder einfach eine Verkörperung des jeweiligen Elements. Beides wird funktionieren.

Halten Sie Ihren Zauberstab oder Ihr Athame in Richtung Norden, stellen Sie sich einen grünen Nebel vor, der aus der Kerze aufsteigt und einen Geist oder Bäume bildet, und sprechen Sie die Worte:

„O Geist des Nordens,
Der Uralte der Erde,
Ich rufe dich auf, diesen Kreis zu betreten.
Ladet dies durch eure Kräfte auf, ihr Alten!" (How to Cast a Wicca Ritual Magick Circle, 2021).

Bewegen Sie sich nach Osten, visualisieren Sie einen gelben Nebel, der zu einem Geist oder Wirbelwind wird, und sprechen Sie die Worte:

„O Geist des Ostens,
Der Uralte der Luft,
Ich rufe dich auf, diesen Kreis zu betreten.
Ladet dies durch eure Kräfte auf, ihr Alten!" (How to Cast a Wicca Ritual Magick Circle, *2021).*

Bewegen Sie sich nach Süden, visualisieren Sie einen roten Nebel, der zu einem Geist oder zu Flammen wird, und sprechen Sie die Worte:

„O Geist des Südens,
Der Uralte des Feuers,

Ich rufe dich auf, diesen Kreis zu betreten.
Ladet dies durch eure Kräfte auf, ihr Alten!" (How to Cast a
Wicca Ritual Magick Circle, *2021).*

Zuletzt bewegen Sie sich nach Westen und stellen sich einen blauen Nebel vor, der zu einem Geist oder einer Welle wird, und wiederholen die Worte:

„O Geist des Westens,
Der Uralte des Wassers,
Ich rufe dich auf, diesen Kreis zu betreten.
Ladet dies durch eure Kräfte auf, ihr Alten!" (How to Cast a
Wicca Ritual Magick Circle, *2021).*

Visualisierung ist der Schlüssel zum Anrufen der Wächter oder zur Beschwörung einer Gottheit, denn Sie müssen sich mit dieser verbinden. Sie befinden sich auf der spirituellen Ebene, also müssen Sie Ihr drittes Auge und Ihre Visualisierungsfähigkeiten nutzen, um die anfängliche Verbindung herzustellen. Ihre Kraft wird Ihnen dabei helfen. Es gibt verschiedene Möglichkeiten, um verschiedene Gottheiten zu beschwören. Für einige von ihnen können Symbole und bestimmte Worte verwendet werden. Wenn Sie ein Grimoire haben, wird dieses wahrscheinlich die verschiedenen Wege beschreiben, wie in Ihrer spezifischen Wicca-Praxis eine Gottheit angerufen oder beschworen wird.

Das Herzstück des Rituals und das Buch der Schatten

Nachdem Sie das Ritual vorbereitet, den Kreis gezogen und die benötigten Elemente, Geister oder Gottheiten beschworen haben, ist es Zeit für das Herzstück des Rituals, das Hauptritual, das Sie durchführen wollen. Sie können verschiedene Dinge tun, einschließlich Erdung, Zentrierung oder Abschirmung, über die wir im nächsten Kapitel mehr lernen werden.

Das Buch der Schatten ist ein heiliger Text für alle Wiccas, aber nicht alle Wiccas haben Zugang zu ihm. Dieses Buch soll Anweisungen für viele magische Rituale enthalten. Viele Grimoires, auf die Wiccas stoßen, wurden vom Buch der Schatten abgeleitet. Gerald Gardner schrieb das erste und berühmteste Buch der Schatten, mit dem Wicca in den 1950er-Jahren eingeführt wurde. Obwohl er es war, der das Buch geschrieben hat, erlaubte er anderen, es zu kopieren und so zu verändern, dass es ihren Bedürfnissen besser entsprach. Man glaubte, dass ein Buch der Schatten nur für den jeweiligen Besitzer funktioniert. Wenn also andere Wiccas Geralds Version lasen und versuchten, dieselben Zaubersprüche zu verwenden, funktionierten nicht alle von ihnen. Sie mussten geändert werden, damit sie für den neuen Benutzer besser geeignet waren. So werden neue Zaubersprüche erschaffen und bestehende Rituale bei Bedarf abgeändert, was zeigt, dass es keinen festen und starren Weg gibt, Magie zu praktizieren. Diese Flexibilität lässt in der Praxis viel mehr Freiheit als ein restriktiver Ansatz.

Allerdings haben nicht alle Wiccas Zugang zu einem Buch der Schatten, und es wird oft angenommen, dass es zwei Versionen gab, eine für Coven und eine für den persönlichen Gebrauch. Die persönliche Version des Buches der Schatten wird für jeden anders aussehen und verschiedene Zaubersprüche, Rituale und Rezepte enthalten.

Für eklektische Hexen hat das Buch der Schatten unterschiedliche Bedeutungen. Für sie ist es ein persönliches Tagebuch, nicht ein traditioneller Text. In diesem Tagebuch hält eine Hexe das Ergebnis von Zaubern und Ritualen fest, wie sie funktioniert haben oder nicht, und alle anderen magischen Informationen, die sie im Laufe ihres Lebens gefunden hat. Während ein Buch der Schatten von Lehrer zu Schüler an andere Hexen weitergegeben werden kann oder davon Kopien für Coven angefertigt werden können, wird das Buch der Schatten einer eklektischen Hexe normalerweise nicht weitergegeben. Eine eklektische Hexe muss selbst lernen, ihre Magie entdecken und Rituale erschaffen.

Kuchen und Ale

In vielen Religionen ist es eine übliche und heilige Handlung, bei verschiedenen Ritualen und Zeremonien Speisen und Getränke miteinander zu teilen. Das gilt auch für Wiccas. Wenn Sie in einem Coven oder als Einzelperson praktizieren, bringen Sie den Göttern und Göttinnen Kuchen und Ale, also Bier, dar und essen bzw. trinken auch selbst davon. In einem Coven haben alle Mitglieder während der Zeremonie an dem Verzehr teil.

Vor dem Ziehen des magischen Kreises werden Kuchen und Ale zubereitet und auf den Altar gestellt. Das Bier wird in einem Kelch serviert, und für den Kuchen wird oft ein spezieller Teller verwendet, auf dem er Platz findet. Diese Teller dürfen nur für den Kuchen und das Bier verwendet werden und für keinen anderen Zweck, da sie sonst das Essen oder die Magie verderben könnten. Es gibt keine bestimmte Art von Kuchen oder Bier, die serviert wird. Speis und Trank werden geweiht, bevor sie angeboten werden. Manche Leute weihen die Speisen dann, wenn die Hilfsmittel geweiht werden, während andere dies erst direkt vor der Darbringung an die Götter tun. In jedem Fall müssen die Speisen den Göttern geweiht werden, bevor sie an die Ritual-Teilnehmer verteilt werden und man selbst davon isst. Denken Sie daran, dass der Verzehr von Kuchen und Ale, ohne der Gottheit etwas davon zu opfern, von Wiccas als respektlos angesehen wird.

Abschluss des Rituals

Wir sind nun am Ende des Rituals angelangt. Obwohl Sie immer eine Verbindung zu den angerufenen Gottheiten haben werden, müssen Sie die Anrufung aufheben und ihnen erlauben, den

Kreis zu verlassen. Benutzen Sie diese oder ähnliche Worte, um eine Anrufung oder ein Ritual zu beenden:

„Herrin des Mondes, der fruchtbaren Erde und der wogenden Meere,
Herr der Sonne, des Himmels und der Wildnis,
Danke, dass ihr heute in unserem Kreis anwesend seid.
Bleibt, wenn ihr wollt, geht, wenn ihr müsst,
Aber ihr sollt wissen, dass ihr in unseren Herzen immer willkommen seid.
Wir grüßen euch und verabschieden uns von euch" (Wright, *2022b).*

Nachdem Sie die Anrufung an die Gottheit, die Göttin oder den Gott, den Sie angerufen haben, aufgehoben haben, müssen Sie auch die Elemente gehen lassen. Bei der Anrufung haben wir im Norden begonnen, aber um die Elemente zu verabschieden, beginnen wir im Westen und arbeiten gegen den Uhrzeigersinn. Nehmen Sie Ihre Hände, das Athame oder den Zauberstab, stehend in Richtung Westen, und sprechen Sie:

„Mächte des Westens, Mächte des Wassers,
Danke, dass ihr heute in unserem Kreis anwesend seid.
Dafür, dass ihr eure tiefen Geheimnisse und eure Intuition mit uns teilt,
Seid gegrüßt und lebt wohl, Mächte des Westens" (Wright, *2022b).*

Drehen Sie sich nach Süden und sagen Sie:

„Mächte des Südens, Mächte des Feuers,
Danke, dass ihr heute in unserem Kreis anwesend seid.
Dafür, dass ihr eure Inspiration und euren Mut mit uns teilt,
Seid gegrüßt und lebt wohl, Mächte des Südens" (Wright, *2022b).*

Wenden Sie sich nach Osten und sprechen Sie:

„Mächte des Ostens, Mächte der Erde,
Danke, dass ihr heute in unserem Kreis anwesend seid.
Für das Teilen eurer Stabilität und eures Wachstums,
Seid gegrüßt und lebt wohl, Mächte des Ostens" (Wright,
2022b).

Zuletzt wenden Sie sich nach Norden und sagen Sie:

„Kräfte des Nordens; Kräfte der Luft,
Ich danke euch für eure Anwesenheit in unserem Kreis heute.
Für die Weitergabe eurer Weisheit und eures Wissens
Seid gegrüßt und lebt wohl, Mächte des Nordens. "

Beenden Sie das Ritual mit einer Abschlusserklärung, zum Beispiel:

„Der Kreis ist offen, aber niemals durchbrochen!" (Wright,
2022b).

An diesem Punkt haben Sie Ihr Ritual offiziell beendet. Denken Sie daran, dass dies nur ein Beispiel dafür ist, was während eines Wicca-Rituals geschehen könnte und wie dieses durchgeführt werden kann. Wicca-Rituale sind für jede Person anders, es besteht also kein Zwang, genau dem zu folgen, was ich Ihnen gezeigt habe. Fühlen Sie sich frei, das Ritual auf Ihre Praxis zuzuschneiden. Es gehört viel zur Durchführung eines einzelnen Rituals, aber letztendlich lohnt es sich, weil Sie sich mit sich selbst und der Natur verbinden und Veränderungen herbeiführen. Da wir nun die Grundlage vieler Wicca-Rituale kennen, ist es an der Zeit, den letzten Teil von Säule 5 zu erkunden, nämlich die Arten von Ritualen, die Wiccas durchführen.

16

Verschiedene Arten von Ritualen

Jeder neue Wicca sollte ein paar grundlegende Rituale kennen. Aufgrund der schieren Anzahl und Vielfalt ist es jedoch unmöglich, sie alle zu behandeln. Dennoch ist das Verständnis der Grundlagen der Schlüssel zu einer erfolgreichen Praxis. In diesem Kapitel werden wir über vier wesentliche Rituale sprechen, die alle Wiccas kennen müssen, darunter die Zentrierung, der Kraftkegel, die Erdung und die Abschirmung.

Zentrierung

Bei vielen Wicca-Ritualen wird Energie manipuliert, und den Beginn jeder Energiearbeit bildet die Zentrierung. Obwohl es in den verschiedenen Arten von Wicca eine gemeinsame Vorstellung davon gibt, was Zentrierung ist, kann sich die Art und Weise, wie sich jemand zentriert, unterscheiden. Aber um Energie und Magie effektiv zu nutzen, sollten Sie damit beginnen, sich selbst zu zentrieren. Vorherige Erfahrung mit Meditation ist zwar nicht notwendig, um zu lernen, wie man sich zentriert, kann das Zentrieren aber viel einfacher machen, weil Meditation und Zentrierung ähnliche Techniken verwenden. Auch das Üben von Meditation außerhalb von Ritualen kann es erleichtern, sich während eines Rituals zu zentrieren.

Um sich zu zentrieren, suchen Sie sich einen Ort, an dem Sie ungestört sind. Wenn Sie Kinder haben, suchen Sie sich tagsüber eine Zeit, in der Sie nicht gestört werden, zum Beispiel, wenn die Kinder in der Schule sind oder wenn sie draußen spielen. Auch wenn Sie allein leben, sorgen Sie dafür, dass Sie nicht gestört werden. Schalten Sie Ihr Handy auf stumm, schließen Sie die Türen ab und schalten Sie den Fernseher aus. Sie können wählen, ob Sie sich hinsetzen oder hinlegen. Viele entscheiden sich für das Sitzen, weil sie sich im Liegen zu sehr entspannen und eventuell einschlafen. Atmen Sie tief durch die Nase ein und durch den Mund aus. Wiederholen Sie den Vorgang und sorgen Sie dafür, dass die Atemzüge gleichmäßig vorgenommen werden.

Sobald Sie sich entspannt haben, ist es an der Zeit, Ihre Energie und die Energie um Sie herum zu visualisieren. Wenn Sie damit Schwierigkeiten haben, reiben Sie Ihre Hände aneinander und halten Sie sie nahe beieinander, wobei Sie darauf achten, dass sie sich nicht berühren. Zunächst spüren Sie vielleicht nichts, aber irgendwann sollten Sie die Spannung zwischen Ihren Handflächen spüren. Diese Energie sollte sich so anfühlen, als gäbe es bei dem Versuch, Ihre Handflächen wieder zusammenzubringen, einen gewissen Widerstand zwischen ihnen.

Jetzt, da Sie wissen, wie sich die Energie anfühlt, können Sie damit beginnen, sie zu manipulieren. Konzentrieren Sie sich auf das Gefühl der Energie und stellen Sie sich dann vor, wie sie sich bewegt und ausdehnt. Es wird einige Zeit dauern, bis Sie die Zentrierung beherrschen, aber sobald dies der Fall ist, sollten Sie in der Lage sein, die Energie so zu manipulieren, dass sie sich Ihrem Willen beugt. Bei der Zentrierung geht es nicht darum, neue Energie zu erzeugen, sondern sich das zunutze zu machen, was Sie bereits haben. Stellen Sie sich vor, dass Sie Ihre Energie nach vorn bringen und einen Ball formen. Wiederholen Sie diesen Vorgang, um sich mit dem Prozess vertraut zu machen. Je mehr Sie üben, desto natürlicher wird es und desto besser können Sie Ihre Energie manipulieren.

Der Kraftkegel

Beim Ritual des Kraftkegels geht es darum, Energie und Magie zu sammeln und zu lenken. Sowohl Coven als auch einzelne Hexen können dieses Ritual durchführen. Natürlich erzeugt ein Coven, bei dem mehrere Hexen zusammenkommen, mehr Kraft und Energie. Eine freifliegende Hexe kann dieses Ritual ebenfalls durchführen, sie wird aber nicht so viel Energie erhalten. Das Ritual des Kraftkegels wird in erster Linie zur Energieverstärkung durchgeführt, da es durch das Sammeln und Freisetzen von Energie ermöglicht, dass Zauber und andere Rituale an Kraft gewinnen. Einer der Hauptgründe für die Visualisierung als Kegel ist, dass diese Form mit den Chakren des Körpers in Einklang steht. Es wird angenommen, dass das Wurzelchakra, das sich an der Basis unserer Wirbelsäule befindet, die Basis des Kegels bildet, der sich dann zuspitzt, wenn man sich entlang der Chakren nach oben zum Kopf hinbewegt. Es gibt verschiedene Namen, die für dieses Ritual verwendet werden, und man kann sich auch eine andere Form vorstellen. Wichtig ist jedoch, dass viele Wiccas dieses Ritual täglich anwenden. Lassen Sie uns zunächst besprechen, wie dieses Ritual in einer Gruppe durchgeführt werden kann.

Ein magischer Kreis wird gebildet, und die Mitglieder, die an dem Ritual teilnehmen, befinden sich innerhalb des Kreises. Die Personen im Inneren bilden einen Kreis, der die Basis des Kraftkegels bildet. Je nach Coven reichen sich die Hexen die Hände oder sie stellen sich vor, dass die Energie von jeder einzelnen Person ausgeht und einen Kegel bildet. Die Hexen innerhalb des Kreises singen und chanten auch; während sie dies tun, steigt ihre Kraft auf und bildet einen Kraftkegel über ihnen. Je nach Coven und dem angewandten magischen System kann sich die gesammelte Energie über die Spitze des Kegels hinaus ausbreiten und in die Welt hinausströmen. Wenn genügend Energie gesammelt wurde, vollendet der Leiter des Covens das Ritual und konzentriert die Energie auf die magischen Ziele der Gruppe, einschließlich Schutz und Heilung. Der Rest des Rituals wird, wie im vorherigen Kapitel beschrieben, fortgesetzt.

Wie wir gelernt haben, sind Coven nicht mehr annähernd so populär wie in den Anfängen des Wicca. Die meisten Wiccas praktizieren heute allein. Je nachdem, welchen Wicca Sie fragen, werden einige Ihnen antworten, dass ein Einzelner keinen Kegel der Macht errichten kann, während andere sagen werden, dass das durchaus möglich ist. In diesem Fall wird der Prozess auf die gleiche Weise wie in einer Gruppe durchgeführt, aber von einer einzelnen Person. Jede Person sammelt auf andere Weise genug Energie, um einen Kegel zu bilden, doch einige Methoden funktionieren besser als andere. Zu den verschiedenen Methoden, um Energie zu sammeln, gehören Chanten, Singen, Trommeln und körperliche Übungen.

Erdung

Die Verbindung mit der Erde durch Erdung hilft, ihre Heilkraft zu nutzen und Ängste und Stress abzubauen. Diese Methode ermöglicht es Ihnen, Energie freizusetzen und gleichzeitig die Kraft der Erde zu nutzen, ohne Ihre eigene Kraft zu verbrauchen. Die Erdung hilft Ihnen gewissermaßen, Ihre Batterien wieder aufzuladen, sodass Sie mehr Energie haben, um alle stressigen Situationen zu bewältigen, die auf Sie zukommen könnten. Viele Menschen, die Naturmagie anwenden, nutzen die Erdung aufgrund ihrer inneren Verbindung zur Erde.

Um sich zu erden, setzen oder legen Sie sich hin, die Handflächen zeigen nach unten. Es ist einfacher, sich draußen zu erden, weil Sie sich dann körperlich mit der Natur verbinden können. Sie müssen nicht in den Wald gehen, Ihr Garten oder ein Park reicht auch. Wenn Sie jedoch keinen sicheren Platz in der Natur haben, um diesen Prozess durchzuführen, dann ist es auch in Ordnung, wenn Sie sich drinnen erden. Ihre Augen können entweder geschlossen oder geöffnet sein. Stellen Sie sich vor, wie Ihre Energie durch Ihren Körper, Ihre Hände und dann hinunter in die Erde wandert. Sie können sich auch vorstellen, dass Ihre Energie von Ihrem Kopf über Ihre Wirbelsäule bis tief in die Erde fließt. Welchen Ort Sie sich als Quelle Ihrer Energie vorstellen, hängt damit zusammen, welchen Ort Sie für den Ursprung halten. Wenn Sie glauben, dass die Energie aus Ihrem Kopf kommt, stellen Sie sich vor, dass sie sich von dort ausbreitet. Wenn Sie sie in Ihrem Bauch spüren, stellen Sie sich vor, dass sie von dort in Ihre Hände und dann in die Erde wandert.

Das Ausstoßen der Energie in die Luft kann Ihnen helfen, Ihr Gleichgewicht zu finden und Ihre Energien zu erden. Aber Sie müssen vorsichtig sein und daran denken, dass Sie nicht in der Lage sein werden, auf diese Magie zurückzugreifen, wie es bei einer Erdung im Boden möglich ist. Wenn Sie Magie in die Luft entlassen, können andere Menschen sie absorbieren, was dazu führen kann, dass sie in eine ähnliche Situation wie Sie gelangen. Wenn es Ihnen nicht so leichtfällt, sich hinzusetzen oder zu legen, können Sie die Erdung auch üben, indem Sie mit Ihren nackten Füßen auf dem Boden stehen und sich vorstellen, wie Ihre Energie Ihren Körper hinunter, in Ihre Füße und dann in den Boden fließt.

Manchmal reicht das nicht aus, vor allem, wenn man erst anfängt, Wicca zu praktizieren. Sie können versuchen, sich mit etwas Greifbarem zu erden, zum Beispiel mittels Edelsteinen, Sprüchen und Töpfen gefüllt mit Erde. Als Wicca besitzen Sie wahrscheinlich schon einen Stein, mit dem Sie sich verbunden haben. Wenn Sie sich überwältigt, gestresst oder ängstlich fühlen, halten Sie Ihren Stein fest und geben Sie Ihre Energie an ihn ab. Bilden Sie einen einfachen oder komplexen Satz, den Sie sprechen, während Sie sich vorstellen, wie Ihre Energie den Körper verlässt. Dies kann eine gute Möglichkeit sein, den Prozess abzuschließen. Zu guter Letzt können Sie auch einen Topf mit Erde in der Nähe aufbewahren. Wenn Sie Energie loswerden müssen, legen Sie Ihre Hände in die Erde und spüren Sie, wie sich Ihre Energie darauf überträgt.

Abschirmung

Die Abschirmung ist das letzte der grundlegenden Rituale, die alle Wiccas kennen müssen, denn sie schützt vor mentalen, magischen und psychischen Angriffen. Außerdem wird dadurch eine Energiebarriere um Sie herum geschaffen, die andere nicht durchdringen können. Sie können durch diese Barriere aber auch Magie und Energie fernhalten. Der Vorgang der Abschirmung ist der Erdung sehr ähnlich, aber anstatt Energie aus dem Körper herauszubefördern, umhüllen Sie Ihren Körper mit Energie. Konzentrieren Sie sich auf den Energieball, den Sie wie beim Zentrieren bilden, und stellen Sie sich vor, wie er sich um Sie herum ausdehnt.

Visualisieren Sie Ihr Schild als reflektierend. Dadurch werden negative Energie und Einflüsse zu der Person zurückgestoßen, die sie gesendet hat. Ihr Schild kann auch einem getönten Fenster ähneln, das gute Dinge durchlässt und schädliche Dinge draußen hält. Abschirmtechniken können essenziell sein, wenn Sie von den Emotionen anderer Menschen beeinflusst werden oder wenn Sie die Interaktion mit bestimmten Menschen als anstrengend empfinden.

Dies sind vier wesentliche Rituale, die alle Wicca-Anhänger kennen müssen, wenn sie den Glauben angemessen praktizieren wollen. Und nun, da Sie sie gelernt haben, haben Sie das Ende dieses Buches erreicht und kennen die fünf Säulen, die für Wicca wesentlich sind. Bevor wir uns ganz trennen und Sie Ihren Weg als Wicca beginnen, lassen Sie uns noch einmal zusammenfassen, was wir in diesem Buch gelernt haben.

Schlussfolgerung

Als Sie anfingen, Wicca zu erforschen, hatten Sie vielleicht einige Schwierigkeiten. Vielleicht machen Sie immer noch schwierige Zeiten durch und fragen sich, wie Sie sich mehr mit sich selbst und der Welt verbinden können. Stress und Ängste sind normal, aber Wicca, seine Praktiken und Überzeugungen können Ihnen helfen, diese schwierigen Zeiten zu überstehen. In der heutigen Zeit ist es viel schwerer geworden, mit sich selbst, anderen und der Natur in Verbindung zu treten, da wir immer mehr von Technologie umgeben sind. Wicca kann Ihnen helfen, mit sich selbst, der Natur und dem Göttlichen in Verbindung zu treten.

In diesem Buch haben Sie die fünf Säulen des Wicca kennengelernt, die für das Erlernen und Anwenden dieser Praxis unerlässlich sind. Dazu gehören die folgenden:

1. **Grundlagen:** die Geschichte und Ursprünge von Wicca sowie Wicca in der heutigen Zeit
2. **Glauben:** die Gottheiten des Wicca, einschließlich der Großen Göttin und des Gehörnten Gottes, die Bedeutung der Elemente, die Ethik, Feiertage sowie Geburts-, Heirats- und Sterberiten
3. **Praxis:** die vielen verschiedenen Arten von Wicca und wie man initiiert wird
4. **Magie:** Naturmagie, zeremonielle sowie himmlische Magie.

5. **Rituale:** was man für ein Ritual braucht, wie ein typisches Ritual abläuft und einige wichtige Rituale, die man kennen sollte

Sie haben gelernt, wie vielfältig und facettenreich Wicca ist. Es kann in jeden Lebensstil passen und Ihnen helfen, sich mit der Natur und dem Universum in Einklang zu bringen. Die Rituale, Feste und viele Wicca-Techniken wie Erdung und Zentrierung können zur Selbstentfaltung und besseren Bewältigung von Stress und Ängsten beitragen. Dies sind die wichtigsten Dinge, die man über Wicca wissen sollte.

Wenn Sie die fünf Säulen des Wicca kennenlernen und anfangen, die Wicca-Praktiken zu praktizieren, die zu Ihnen sprechen, hilft Ihnen das, Ihre Intuition zu nutzen und die göttliche Magie in Ihnen zu wecken. Erinnern Sie sich daran, dass wir alle Teil der Erde sind und es darum geht, sich für das Göttliche zu öffnen, um sich auf einer tieferen Ebene mit der Erde zu verbinden.

Jetzt haben Sie alle Informationen, die Sie brauchen, um Wicca zu praktizieren und sich mit sich selbst zu verbinden. Ich habe Ihnen alle Hilfsmittel und Informationen gegeben, die Sie brauchen, jetzt ist es an der Zeit, den nächsten Schritt zu tun. Ich weiß, dass es beängstigend sein kann, etwas Neues auszuprobieren und sich mit sich selbst zu verbinden, aber es ist an der Zeit, positive Veränderungen in Ihrem Leben vorzunehmen. Also ziehen Sie los, setzen Sie Energie in der Welt frei, und erwecken Sie Ihre Beziehung zu sich selbst wieder!

Glossar

Beltane: Findet am 30. April und 1. Mai statt und feiert Licht, Fruchtbarkeit und die Ankunft des Sommers. Dieses Fest steht für das volle Erwachen der Erde, wenn die Sonne für mehr Licht sorgt. Oft wird ein junges Mädchen zur Maikönigin gewählt, die für die keltische Fruchtbarkeitsgöttin Flora steht.

Coven: Eine Gruppe von Hexen, die gemeinsam Wicca praktizieren, einschließlich der Durchführung von Ritualen, der Teilnahme an Sabbaten, Esbaten und Ausbildungen.

Das Überqueren der Brücke: Das Ritual, das bei der Beerdigung eines Wicca durchgeführt wird. Je nachdem, welche Art von Wicca praktiziert wird, unterscheidet sich die Durchführung dieses Rituals, aber alle Varianten ehren den Tod. Spiraltänze, die den Kreislauf des Lebens darstellen, werden aufgeführt.

Der Jahreskreis: Ein Symbol, das die acht großen Sabbate und die 13 Esbate anzeigt, die im Laufe eines Jahres gefeiert werden. Der Jahreskreis entstand Tausende von Jahren vor der Entstehung von Wicca und wurde von den Kelten verwendet.

Die Große Göttin: Auch bekannt als Mondgöttin, die wichtigste weibliche Gottheit des Wicca. Sie repräsentiert die magische Zahl drei und die Dreifaltigkeit. Sie steht oft für den weiblichen Lebenszyklus (Jungfrau, Mutter und Alte Weise) sowie für die drei Reiche der Welt (Himmel, Erde und Unterwelt). Sie repräsentiert die weibliche Seite des Wicca und wurde unter den weiblichen Wiccas zu einer Figur des Feminismus, weil sie ein Symbol für Trost und Befreiung ist.

Die Regel der dreifachen Wiederkehr: Ein Grundsatz, den viele Wicca befolgen und der besagt, dass das, was Sie in die Welt hinaussenden, dreifach zu Ihnen zurückkehrt. Manche interpretieren diese Regel so, dass die Energie in Form von Lektionen zu ihnen zurückkehrt, oft in drei Etappen. Dies gilt sowohl für gute als auch für schlechte Energie.

Eklektische Hexen: Personen, die Wicca praktizieren und sich als Hexen bezeichnen, aber auch andere nicht heidnische Glaubensrichtungen, Philosophien und Praktiken einfließen lassen.

Esbat: Feierlichkeiten und Feste, die während des Vollmonds stattfinden. Diese Feiern sind nicht so groß wie Sabbate, und obwohl auch an Esbaten Götter und Göttinnen geehrt werden, spielen sie keine große Rolle. In einem Jahr gibt es 13 Vollmonde, an denen die Wiccas praktizieren.

Freifliegende Hexen: Wiccas, die allein und ohne Coven praktizieren. Dies ist die häufigste Art und Weise, in der Wicca heute praktiziert wird.

Gehörnter Gott: Die zentrale männliche Gottheit des Wicca, die als männliches Wesen mit Hörnern, Geweih oder als Figur mit einem männlichen Körper, aber dem Kopf eines gehörnten Tieres dargestellt wird. Der Gehörnte Gott repräsentiert die männlichen Aspekte des Wicca und ist der Gefährte der Großen Göttin. Er ist auch ein dualistischer Gott, der zwei Aspekte repräsentiert: Tag und Nacht, Licht und Dunkelheit, Sommer und Winter sowie Leben und Tod. Er wird mit dem Lebenszyklus, der Jagd, der Natur, der Sexualität und der Wildnis in Verbindung gebracht.

Grüne Hexen: Hexen, die sich auf Heilung, Pflege und Natur spezialisiert haben. Sie verwenden Pflanzen und Kräuter, um daraus Heilmittel herzustellen. Ihre Hilfsmittel, Rituale und Macht sind alle mit der Natur verbunden.

Handfasting: Die Hochzeitszeremonie der Wiccas. Handfasting ist keine Erfindung der Wiccas, da es schon seit Tausenden von Jahren existiert. Wie die Zeremonie durchgeführt wird, ist von Paar zu Paar unterschiedlich. Der Hauptaspekt, das Binden der Hände des Paares mit bunten Bändern, verschiedenen Stoffen und Schnüren, wird jedoch immer durchgeführt. Wie lange das Paar an den Händen zusammengebunden bleibt, ist unterschiedlich. Handfasting ist nicht gleichbedeutend mit einer legalen Ehe.

Handparting: Dieses Trennungs- oder Scheidungsritual wird durchgeführt, wenn ein verheiratetes Paar nicht mehr zusammen sein will. Wiccas bestrafen die Scheidung nicht; sie führen diese Zeremonie durch, um spirituelle und symbolische Bindungen zu kappen. Diese Rituale sollen sicherstellen, dass sich die ehemaligen Partner weiterhin respektieren.

Heckenhexen: Ähnlich wie die grünen Hexen. Allerdings binden sie sich nicht nur an die Praktiken des Wicca. Ihre Magie erlaubt es ihnen, sich mit den Elementen zu verbinden und pflanzliche Heilmittel herzustellen.

Herdhexen: Herdhexen ähneln den grünen und den Küchenhexen, aber ihre Praktiken konzentrieren sich auf das ganze Haus, wo sie Schutzrituale, Kräuterkunde, Reinigung und Kerzenmagie durchführen.

Hexen in Familientraditionen: Hexen, die in ihre Kräfte hineingeboren werden, typisch für die spätere Generation der Wicca.

Hexen im Coven: Hexen, die in einem Coven praktizieren.

Himmlische Magie: Magie, die sich auf die Interaktion mit den Göttern konzentriert, in der Hoffnung, irdische Veränderungen zu bewirken.

Imbolc: Es ist das Fest des Mittelpunktes zwischen Winter und Frühling und findet am 1. und 2. Februar statt. Bei diesem Fest werden Reinigung und Wiedergeburt gefeiert. Die Fruchtbarkeit ist ein großer Schwerpunkt dieses Festes, denn der Name Imbolc bedeutet „im Bauch".

Julfest: Auch als Wintersonnenwende bekannt, wird zwischen dem 20. und 25. Dezember begangen und ehrt den kürzesten Tag des Jahres. Obwohl der Winter manchmal mit dem Tod in Verbindung gebracht wird, markiert das Julfest die Erneuerung des Lebenszyklus, wenn der Gehörnte Gott aus der Unterwelt zurückkehrt und die Tage länger werden. Zu Ehren des Gottes wird mit immergrünen Pflanzen geschmückt und Geschenke für ihn bereitgelegt. Es werden auch Feuer angezündet und der Julklotz verbrannt.

Kosmische Hexen: Wiccas und Hexen, die sich auf Astronomie, Astrologie und das Deuten der Sterne spezialisiert haben. Sie verwenden Zaubersprüche und Mondzyklen, um himmlische Ereignisse zu schützen, und nutzen Geburtshoroskope und Sternzeichen in ihrer Praxis.

Küchenhexen: Hexen, die ihre Fähigkeiten in der Küche einsetzen und beim Backen und Kochen Kräuter verwenden, um deren medizinische Eigenschaften zu nutzen.

Litha: Ist das Fest der Sommersonnenwende und der längste Tag des Jahres. Die Feierlichkeiten finden zwischen dem 20. und 22. Juni statt. Da die Geister- und die Menschenwelt zu dieser Zeit vollständig erwacht sind und die dunklen Geister an Macht gewinnen, werden häufig Schutzrituale durchgeführt.

Lughnasadh: Ist das Fest des Mittelpunktes zwischen Sommer und Herbst und findet am 1. August statt. Das erste geerntete Obst und Gemüse wird dem Gehörnten Gott und der Dreifaltigen Göttin geopfert. Es ist bekannt, dass der jährliche Tod des Gehörnten Gottes bevorsteht und er in die Unterwelt und das Sommerland zurückkehren wird.

Mabon: Das Fest der Herbst-Tagundnachtgleiche, das zwischen dem 20. und 23. September stattfindet. Dieses Fest markiert den Abstieg des Gehörnten Gottes in die Unterwelt, aus der er erst nach dem Julfest zurückkehren wird. Zu dieser Zeit findet die zweite Ernte als Vorbereitung auf den Winter statt. Bei diesem Fest stehen Besinnung und Dankbarkeit im Vordergrund, während der Boden für die Zeit der kommenden Wintermonate abzusterben beginnt.

Naturmagie: Verwendet verschiedene Pflanzen, irdene Materialien, Edelsteine, Alchemie, Botanik, Chemie und Astronomie.

Neutrale Hexen: Hexen, die weiße und schwarze Magie praktizieren, oft um Gerechtigkeit für Missetaten bemüht sind und schwarze Magie an geeignete Orte umleiten.

Ostara: Die Feier der Frühlings-Tagundnachtgleiche, die zwischen dem 20. und 23. März stattfindet. Hoffnung, Geburt und Fruchtbarkeit spielen bei diesem Fest eine wichtige Rolle. Die Große Göttin soll während dieser Zeit von dem Gehörnten Gott geschwängert worden sein. Ältere heidnische Generationen hielten ihre Feierlichkeiten zu dieser Zeit geheim.

Ritus der Einweihung: Ein Ritual, mit dem jemand sein Interesse bekundet, einem Coven beizutreten. Nach diesem Ritus kann derjenige mit der Ausbildung in einem Coven beginnen.

Ritus des Übergangs: Ein Ritual, durch das ein Wicca vollständig in einen Coven aufgenommen wird. Oft müssen Wiccas während dieses Rituals, das normalerweise ein Jahr nach dem Einweihungsritual stattfindet, verschiedene Aufgaben erfüllen.

Sabbat: Saisonale Feste finden zum Jahreswechsel und in der Mitte einer jeden Jahreszeit statt. Die acht oder mehr Sabbate sind im Jahreskreis abgebildet. Normalerweise feiern Hexen Sabbate in einem Coven oder auch einzeln. Einzelne Hexen, die sich untereinander kennen, kommen oft zusammen, um die Sabbate zu feiern. Die Sabbate stehen für die zyklische Natur des Lebens und der Jahreszeiten. Sie sind dazu gedacht, über die Vergangenheit nachzudenken und in die Zukunft blicken zu können.

Säkulare Hexen: Wiccas und Hexen, die ihre Kräfte nicht mit Religion oder Spiritualität gleichsetzen. Sie folgen nicht den Regeln oder der Moral von Wicca und bezeichnen sich manchmal nicht als Wicca.

Samhain: Das Fest wird am 31. Oktober gefeiert und markiert den Beginn des Wicca-Jahres. Der Name bedeutet „das Ende des Sommers", der Schleier zwischen der Welt der Sterblichen und der Anderswelt ist zu dieser Zeit am dünnsten. Der Übergang vom Sommer zum Herbst bedeutet das Ende der hellen und den Beginn der dunklen Jahreszeit. Feuer sind für dieses Fest unerlässlich, um das Fortbestehen des Lichts in der dunklen Jahreszeit zu feiern.

Selbstweihe: Ein nicht obligatorisches Ritual, das alleinstehende Wicca durchführen können, um sich dem Wicca, seinen Überzeugungen und Praktiken zu weihen.

Weissagende Hexen: Wiccas und Hexen, die ihre Fähigkeiten nutzen, um Omen zu entschlüsseln, typischerweise anhand des Verhaltens von Tieren.

Wicca: Eine der größten heute praktizierten neuheidnischen oder modernen Religionen. Sie entstand in den 1960er-Jahren und wurde von Gerald Gardner ins Leben gerufen, der aufgrund seines Einflusses auf einen Coven namens „New Forest Group" bekannt ist. Gardners ursprüngliche Schriften und Praktiken sind heute als „gardnerisches Wicca" bekannt. Wicca hat als Religion keine strengen Regeln und einzelne Coven. Menschen haben ihre Rituale und Theorien auf der Grundlage der Schriften von Gardner weiterentwickelt.

Wiccas: Anhänger der Wicca-Praktiken und des Wicca-Glaubens, die sich selbst als „Hexen" bezeichnen.

Wiccaning: Der Geburtsritus oder die Begrüßungszeremonie für diejenigen, die in die spirituelle Gemeinschaft der Wicca eingeführt werden wollen. Dies ist kein Ritus, der Sie dazu bringt, Wicca zu praktizieren, sondern er heißt Sie lediglich in der Gemeinschaft willkommen. Viele Wicca halten diesen Ritus für ihre Kinder ab, aber das bedeutet nicht, dass diese an den wiccanischen Praktiken teilnehmen müssen. Wiccaning wird oft als die Wicca-Version der Taufe angesehen.

Wicca-Rede: Ein Gedicht oder eine Rede, die die moralischen Standards von Wicca und anderen heidnischen Religionen umreißt. Sie beginnt mit einer einzigen Zeile: „An ye harm none, do what ye will" („Solang es niemandem schadet, tu was du willst") (Wikipedia, 2022a). Später wurde sie erweitert und ist nun viel länger. Sie ist im Grunde die goldene Regel des Wicca und wird von vielen so interpretiert, dass sie bedeutet: „Tue Gutes für andere und für dich selbst."

Zeremonielle Magie: Magie, die zur Beschwörung von Göttern, Göttinnen, Gottheiten und Geistern verwendet wird. Sie enthält Rituale wie Bannung, Reinigung, Weihe, Anrufung, Beschwörung, Eucharistie und Divination.

Quellen

A list of herbs and their magickal uses. (o. D.). Spiral Rain. https://spiralrain.ca/pages/a-list-of-herbs-and-their-magickal-uses

Alexander, B. & Norbeck, E. (10. November 2020). Rite of passage. In *Encyclopædia Britannica*. https://www.britannica.com/topic/rite-of-passage/Life-cycle-ceremonies

Augury. (6. Januar 2023). Wikipedia. https://en.wikipedia.org/wiki/Augury

Ball, P. (2020). *Natural magick: Spells, enchantments, and personal growth* (pp. 282–290). Arcturus.

Beyer, C. (5. Juni 2019). *What to know about the five classical elements*. Learn Religions. https://www.learnreligions.com/elemental-symbols-4122788

Ceremonial magick. (19. Dezember 2022). Wikipedia. https://en.wikipedia.org/wiki/Ceremonial_magick

Ceridwen. (8. März 2019). *Elemental magick for beginners: Basic principles*. Craft of Wicca. https://craftofwicca.com/elemental-magick-for-beginners/

Classical element. (o. D.). Chemeurope. https://www.chemeurope.com/en/encyclopedia/Classical_element.html#Neo-Paganism

Eclectic paganism. (3. Juli 2021). Wikipedia. https://en.wikipedia.org/wiki/Eclectic_Paganism

Esbat. (Dezember 2022). Encyclopedia. https://www.encyclopedia.com/science/encyclopedias-almanacs-transcripts-and-maps/esbat

Horned god. (14. November 2022). Wikipedia. https://en.wikipedia.org/wiki/Horned_God

How to cast a wicca ritual magick circle. (2021). The Not so Innocents Abroad. https://www.thenotsoinnocentsabroad.com/blog/how-to-cast-a-wicca-ritual-magick-circle

Lewis, I. M. & Russel, J. B. (21. Oktober 2022). *Witchcraft: The witch hunts.* (2019). In Encyclopædia Britannica. https://www.britannica.com/topic/witchcraft/The-witch-hunts

Magickal tools in wicca. (29. November 2022). Wikipedia. https://en.wikipedia.org/wiki/Magickal_tools_in_Wicca#Cauldron

Mark, J. (28. Januar 2019). *Wheel of the year.* World History Encyclopedia. https://www.worldhistory.org/Wheel_of_the_Year/

Patterson, R. (14. Februar 2020). *The art of ritual: Calling the quarters.* Beneath the Moon. https://www.patheos.com/blogs/beneaththemoon/2020/02/the-art-of-ritual-calling-the-quarters/

Rabu. (19. Oktober 2022). *Apparently, there are different types of witches.* CXO Media. https://www.cxomedia.id/art-and-culture/20221019175249-24-176660/apparently-there-are-different-types-of-witches

Rekstis, E. (21. Januar 2022). *Healing crystals 101*. Healthline. https://www.healthline.com/health/mental-health/guide-to-healing-crystals

Rule of three (Wicca). (2. Januar 2023). Wikipedia. https://en.wikipedia.org/wiki/Rule_of_Three_(Wicca)

Shade, P. (28. Oktober 2022). *The supernatural side of plants*. Cornell Botanic Gardens. https://cornellbotanicgardens.org/the-supernatural-side-of-plants-2/

Smith, D. (26. März 2016). *Looking into habits of effective wiccans*. Dummies. https://www.dummies.com/article/body-mind-spirit/religion-spirituality/wicca/looking-into-habits-of-effective-wiccans-201046/

Term: Crossing the bridge. (o. D.) Llewellyn Worldwide. https://www.llewellyn.com/encyclopedia/term/Crossing+the+Bridge

The art of handfasting. (19. November 2019). The Celebrant Directory. https://www.thecelebrantdirectory.com/art-of-handfasting/

The Editors of Encyclopedia Britannica. (23. Dezember 2022). *Reincarnation*. Encyclopædia Britannica. https://www.britannica.com/topic/reincarnation

The wiccan altar: The tools of wiccan ritual. (o. D.). Wicca Living. https://wiccaliving.com/wiccan-altar/

The wiccan rede. (o. D.). Web.mit.edu. https://web.mit.edu/pipa/www/rede.html

Tomekeeper. (o. D.). *Celestial magick*. Luna's Grimoire. https://www.lunasgrimoire.com/celestial-magick/

Triple goddess. (20. Dezember 2022). Encyclopedia. https://www.encyclopedia.com/religion/legal-and-political-magazines/triple-goddess

Triple goddess (neopaganism). (9. Januar 2023). Wikipedia. https://en.wikipedia.org/wiki/Triple_Goddess_(Neopaganism)#Contemporary_beliefs_and_practices

Ward, K. (26. August 2022). *FYI: There are many types of witches.* Cosmopolitan. https://www.cosmopolitan.com/lifestyle/a37681530/types-of-witches/

White, E. D. (2. September 2022). Wicca. In *Encyclopædia Britannica.* https://www.britannica.com/topic/Wicca

Wicca. (9. Januar 2023). Wikipedia. https://en.wikipedia.org/wiki/Wicca#Five_elements

Wicca clothing and ritual attire. (o. D.). Wicca Living. https://wiccaliving.com/wiccan-clothing-ritual-attire/

Wicca manual. (o. D.). Federal Bureau of Prisons. https://www.bop.gov/foia/docs/wiccamanual.pdf

Wiccan cakes and ale ceremony. (o. D.). Wicca Living. https://wiccaliving.com/cakes-ale-ceremony/

Wiccan handparting. (o. D.). Beliefnet. https://www.beliefnet.com/faiths/pagan-and-earth-based/2001/04/wiccan-handparting.aspx

Wiccan rede. (14. November 2022). Wikipedia. https://en.wikipedia.org/wiki/Wiccan_Rede

Wigington, P. (14. Mai 2018a). *How to sew a simple pagan ritual robe*. Learn Religions. https://www.learnreligions.com/make-a-ritual-robe-2562742

Wigington, P. (21. Mai 2018b). *Hold a wiccaning ceremony for your baby*. Learn Religions. https://www.learnreligions.com/what-is-a-wiccaning-2562532

Wigington, P. (30. Dezember 2018c). *How to perform a self-dedication ritual*. Learn Religions. https://www.learnreligions.com/self-dedication-ritual-2562868

Wigington, P. (6. Januar 2019a). *Consecrate your magickal tools*. Learn Religions. https://www.learnreligions.com/consecrate-your-magickal-tools-2562860

Wigington, P. (9. Februar 2019b). *Celebrate the full moon with an esbat ritual*. Learn Religions. https://www.learnreligions.com/esbat-rite-celebrate-the-full-moon-2562864

Wigington, P. (22. März 2019c). *What is the cone of power in magick?* Learn Religions. https://www.learnreligions.com/the-cone-of-power-2561490

Wigington, P. (8. Mai 2019d). *The wheel of the year: Celebrating the 8 pagan sabbats*. Learn Religions. https://www.learnreligions.com/eight-pagan-sabbats-2562833

Wigington, P. (9. Mai 2019e). *14 magickal tools for pagan practice*. Learn Religions. https://www.learnreligions.com/magickal-tools-for-pagan-practice-4064607

Wigington, P. (25. Juni 2019f). *How to magickally ground, center, and shield*. Learn Religions. https://www.learnreligions.com/grounding-centering-and-shielding-4122187

Wikipedia Contributors. (23. Dezember 2022). *Book of shadows.* Wikipedia. https://en.wikipedia.org/wiki/Book_of_shadows

Wright, M. S. (3. August 2022a). *Beginning wicca: Types of altars.* Exemplore. https://exemplore.com/wicca-witchcraft/Beginning-Wicca-Types-of-Altars

Wright, M. S. (3. August 2022b). *Wicca rituals: A standard ritual opening and closing for beginning wiccans.* Exemplore. https:// exemplore.com/wicca-witchcraft/Wicca-Rituals-A-Standard-Ritual-Opening-and-Closing-for-Begining-Wiccans

Dieses Buch wurde in Übereinstimmung mit den GPSR-
Richtlinien der EU zur Sicherheit von Produkten erstellt.

Die Verordnung über die allgemeine Produktsicherheit ist der
aktualisierte Rahmen der Europäischen Union, um
sicherzustellen, dass alle Verbraucherprodukte,
einschließlich Bücher, für Verbraucher sicher sind.

Dieses Buch wurde von Libri Plureos GmbH gedruckt. Der
Drucker hat Sicherheitszertifikate für die verwendeten
Materialien wie Tinte, Papier und Kleber ausgestellt.

Die Produktkennung ist: 9781961398382

Der Autor ist für den Inhalt des Buches verantwortlich und
hat das Buch von Bookmundo produzieren lassen.

Sollten Sie Fragen zur Sicherheit des Produkts haben,
kontaktieren Sie uns bitte.

Bookmundo
Delftsestraat 33
3013AE Rotterdam
Die Niederlande
info@bookmundo.com